TROTZDEM
KURZGESCHICHTEN

Mit Unterstützung von Bund, Land und Europäischer Union

Bundesministerium
Landwirtschaft, Regionen
und Tourismus

LE 14-20
Entwicklung für den Ländlichen Raum

LAND KÄRNTEN

LEADER

Europäischer Landwirtschaftsfonds für die Entwicklung des ländlichen Raums. Hier investiert Europa in die ländlichen Gebiete

LAND KÄRNTEN
Kultur

Bundesministerium
Kunst, Kultur,
öffentlicher Dienst und Sport

Impressum

Bibliografische Information der Deutschen Nationalbibliothek
Die Deutsche Nationalbibliothek verzeichnet diese Publikation
in der Deutschen Nationalbibliografie; detaillierte bibliografische
Daten sind im Internet über http://dnb.d-nb.de abrufbar.

Herausgeber: ProMÖLLTAL
Lektorat: Martina Schneider
Grafik und Produktion: Nadine Kaschnig-Löbel
Coverillustration: Gabriele Pichler unter der Verwendung Adobe Stock/Dmitry Knorre
Druck: FINIDR, s.r.o.
gedruckt in der EU

ISBN 978-3-7025-1103-6
auch als eBook erhältlich eISBN 978-3-7025-8110-7
www.pustet.at

Wir bemühen uns bei jedem unserer Bücher um eine ressourcenschonende Produktion. Alle unsere Titel werden in Österreich und seinen Nachbarländern gedruckt. Um umweltschädliche Verpackungen zu vermeiden, werden unsere Bücher nicht mehr einzeln in Folie eingeschweißt. Es ist uns ein Anliegen, einen nachhaltigen Beitrag zum Klima- und Umweltschutz zu leisten.

MÖLLTALER
GESCHICHTEN
FESTIVAL

TROTZDEM

Kurzgeschichten

VERLAG ANTON PUSTET

Haben Sie nichts für mich?

INHALT

VORWORT

Trotzdem – ein Wort, das in sich den Widerstand birgt und die Herausforderung, sich widrigen Umständen oder der sogenannten Normalität entgegenzustellen. Ein Trotzdem verlangt Mut und Unerschrockenheit und den Willen, den Begehrlichkeiten anderer den Gehorsam zu verweigern, während man fröhlich der Suche nach der inneren Wahrheit folgt.

Es kann aber auch gefährlich werden, wenn es nur darum geht, das eigene Ego, die eigene halsstarrige Haltung durchzusetzen.

Trotzdem … viel Vergnügen!

EIN WENIG SCHILDKRÖTENLITERATUR

MARKUS GRUNDTNER

Im vierten Monat ihrer Schwangerschaft konnte Karls Freundin ihn nicht mehr leiden. „Du bist wie *Papà*“, sagte Lucia und setzte nach: „Um dir aus dem Weg zu gehen, würde ich am liebsten zu ihm fahren.“

„Das ergibt keinen Sinn“, hielt Karl fest, als wäre es das Vorbringen eines gegnerischen Anwalts. Lucia handelte zuerst nach ihrem Herzen und irgendwann schaltete sich ihr Kopf ein.

Karl wusste, sie hatte einen Sinn fürs Schöne und Geschmackvolle, und war auf ihn als Mann aufmerksam geworden, weil er sich elegant kleidete und präsentierte. Karl wusste auch, dass sie nicht wusste, dass dies für ihn nur berufsbedingt war, aber nicht Ausdruck seines Innersten. Was er selbst nicht wusste, war, warum er sich dies überhaupt antat. Es war alles Arbeit und wenn er eines hatte, dann zu viel davon.

Seit Wochen sprach Lucia auch noch von Wickeltisch, Kinderbettchen und Kleiderschrank. Karl dagegen sprach von der Aufgabenliste seiner Kanzlei und sagte: „Uns bleibt genug Zeit. Es gibt Dringenderes.“

„Dann soll es so sein“, sagte Lucia, packte ihren Koffer und fuhr nach Triest. Zu ihrem Vater. Obwohl es weiterhin keinen Sinn ergab. Aber die Frage, was Sinn ergab und was nicht, lag, und das war Karl klar, außerhalb des Zuständigkeitsbereichs von Lucias Herzen. Karl nahm an, dass sie zum Meer wollte, ein Familienurlaub. Karl dagegen hatte seine

Ruhe und seine Akten. Jeder bekam also, was er wollte; und jeder war unzufrieden damit.

Karl musste seine Akten erledigen, um jemals bei einem Familienurlaub dabei sein zu können. Doch hatten Karls Akten es so an sich, dass sie nie weniger wurden, manchmal verdoppelte sich ein Akt sogar und aus einem Verfahren wurden zwei. Aber so lief das bei ihm. Daher war es auch für niemanden eine Überraschung, als er bekanntgab, dass er Vater von Zwillingen werde – es war sein folgerichtiges Schicksal, immer die doppelte Arbeit machen zu müssen.

Um endlich eine komplett durchgestrichene To-Do-Liste vor sich zu sehen, aber auch, um nicht allzu viel über sich selbst nachdenken zu müssen, verbrachte Karl die Tage ohne Lucia mit Arbeit. Eine Nachricht von ihr riss ihn aus seiner Geschäftigkeit.

„Ich bin auf dem Weg zum Bus nach Hause," schrieb sie. „Zuerst war ich am Grab von *Mamma*, dann im Restaurant mit *Papà*. Er war überglücklich. Ich auch ein wenig. Bis er mir Ratschläge gegeben hat, wie ich mich in der Schwangerschaft verhalten solle. Ich habe es überhört. Leider konnte ich ihn tags darauf nicht weiter überhören (und übersehen). Die Stadt ist klein …"

Hier endete die Nachricht und Karl überlegte, was er antworten sollte. Doch Lucia setzte fort, schrieb: „Wenigstens hat er den Kindern ihr allererstes Geschenk gemacht", und schickte ein Foto. Es waren zwei Baby-Süßwasserschildkröten in einer verschließbaren Plastikschale – die Schale mit Wasser gefüllt, eine Mini-Insel samt Plastikpalme mittendrin.

„Sie sehen pflegeleicht aus. Ich dachte, wir nennen sie Riccardo und Riccarda. Holst du uns alle am Abend vom Busbahnhof ab?"

„In Ordnung", schrieb Karl und setzte sogleich einen neuen Punkt auf seine Liste. Den restlichen Tag recherchierte er, was er über Süßwasserschildkröten in Erfahrung bringen konnte.

Danach erledigte er noch weitere Dinge und fuhr zum Busbahnhof. Als er dort ankam, stand Lucia vor dem Eingang, ihren Koffer neben sich und die Schildkrötenschale in der Hand. Es regnete. Der Wind heulte durch den Autobahnübergang. Sie trug ihr weites Sommerkleid. Auch nach sieben Stunden Busfahrt und einem ganzen Trimester schwanger mit Zwillingen sah sie aus, als käme sie vom Strand und wäre auf dem Weg zu einer Abendunterhaltung. Nachdem Karl noch Anzug und Krawatte von der Arbeit trug, wirkten die zwei, als würden sie gleich auf eine Cocktailparty weitergehen.

Lucia umarmte ihn und gab ihm einen Kuss aufs Ohr, dessen Schmatzen nachhallte.

„Geht es euch allen gut?", fragte er.

„Die Kinder haben sich bei der Fahrt schlagend und tretend beschwert", antwortete sie. „Sonst hat ihnen die Reise gefallen, besonders das Meer."

„Wie geht es dir?", fragte sie.

„Wir müssen über deine Schildkröten reden", sagte er, nahm ihr die Schale aus der Hand und ihren Rollkoffer am Griff. In einem sachlichen Ton, den er sonst für Mandanten verwendete, die meinten, im Recht zu sein, jedoch weit davon entfernt waren, sagte er: „Du hast dir von deinem Vater zwei Bachschildkröten schenken lassen. Sie sehen klein und pflegeleicht aus. Sie bleiben aber nicht klein und sind auch nicht pflegeleicht. Männchen werden bis zu 18 Zentimeter groß, Weibchen über 20 Zentimeter."

Karl ging los, Lucia folgte ihm und sagte ausnahmsweise gar nichts.

„Ich nehme an, du hast dich nicht um die notwendigen Papiere gekümmert, die Tiere über die Grenze zu bringen?", fragte er.

„Nein", sagte sie kleinlaut.

„Du hast sie also über die Grenze geschmuggelt. Somit bleiben Riccardo und Riccarda illegale Schildkröten."

Sie überquerten die Straße und gingen zur U-Bahn.

„Um die Schildkröten artgerecht zu halten, brauchen wir ein vorläufiges Aquaterrarium und eine UV-Lampe. Das Becken muss fürs Erste mindestens 170 Liter fassen, mit einem Landteil, auf dem sich die Tiere ausruhen können. Die UV-Lampe montieren wir darüber. Sie muss auch den Flachwasserbereich – also die Rampe, die aus dem Wasser führt – mit anleuchten. Für den Bodengrund nehmen wir Sand, aber keinen Kies, denn im Kies versackt der Fäkalmulm. Kannst du dir unter ‚Fäkalmulm' etwas vorstellen?"

Lucia sah betreten drein und nickte.

„Gut, dann ist das Thema ‚Fäkalmulm' abgehakt."

Sie nahmen den Aufzug und gingen zum Bahnsteig. Dort angekommen fasste Lucia nach Karls Oberarm und sagte: „Sie treten wieder."

„Wer?", fragte er, sah auf die Schale und ihren Bauch und hakte nach: „Die Kinder oder die Schildkröten?"

„Die Kinder natürlich", sagte sie – atmete tief ein, tief aus – und fragte: „Was meinst du, wenn du sagst, wir brauchen ein ‚vorläufiges' Aquaterrarium?"

„Die Tierhalteverordnung der Stadt Wien schreibt für ausgewachsene Bachschildkröten dieser Art ein Endbecken von 750 Litern vor."

„Ein Endbecken?"

„Ja, ein Endbecken."

„Wie alt werden sie?"

„20 bis 24 Jahre."

„Das müssen wir also alles machen?", fragte Lucia.

„Wir können eine Schildkrötenhaltung gut verwirklichen", antwortete Karl, „aber wir müssen uns an die Tiere anpassen. Das war jetzt das Wichtigste zum Einstieg, wir müssen uns gründlich beraten lassen und ein wenig Schildkrötenliteratur lesen."

„Ein wenig Schildkrötenliteratur?", fragte Lucia. „Gibt es da keine andere Lösung?"

„Ja, die gibt es", antwortete Karl. „Dafür braucht es nur einen kleinen Umweg." Er hob den Kopf und zeigte in Richtung des anderen Gleises, worauf Lucia ihn entgeistert ansah: „Das kann nicht dein Ernst sein."

Sie wiederum zeigte auf den großen Mistkübel, der vor dem Gleis stand. Karl erkannte, dass sie wohl annahm, seine Lösung für die Schildkröten wäre deren Entsorgung als Abfall.

„Ach, du meine Güte, nein!", sagte er. „Wir fahren zum Haus des Meeres – die haben eine Auffangstation. Ich habe vorhin angerufen. Sie nehmen die Tiere. Besser als dort können sie es gar nicht haben."

Lucia atmete erleichtert aus, nickte und lächelte. Während der Fahrt öffnete Karl den Deckel der Schale und beobachtete Riccardo und Riccarda, die vermutlich erschöpft von der langen Reise waren. Karl war sich sicher: In Italien wären die beiden in ihrer Mini-Schale kein Jahr alt geworden.

„Ich soll dich von meinem Vater grüßen", sagte Lucia. „Wie immer findet er dich großartig."

„Weil ich Jurist bin?"

„Weil du Österreicher bist."

„Dafür kann ich aber nichts."

„Wenn ihr euch trefft, wird er dir stolz und in gebrochenem Deutsch erzählen, wie er einmal an der Universität eine Veranstaltung mit Otto von Habsburg organisieren durfte."

„Ich kann es kaum erwarten."

Im Haus des Meeres fuhren Karl und Lucia mit dem Lift hinauf und gelangten zur Tür „Eintritt nur für Mitarbeiter". Er klopfte und sie traten ein. Drinnen begrüßte sie die Biologin, mit der Karl telefoniert hatte. Diese hielt Lucia ohne Umschweife eine Standpauke, gegen wie viele Gesetze sie verstoßen hatte, und welchen Riesenaufwand ausgewachsene

Wasserschildkröten bedeuteten. Doch Karl sagte: „Das habe ich schon erledigt."

So blieb Lucia der Rest der bösen Rede erspart und sie konnte sich von Riccardo und Riccarda verabschieden. Wieder vor der Tür strich Karl über Lucias Bauch. Anstatt den Aufzug zu nehmen, gingen sie zu Fuß, so sahen sie die Aquarien und Terrarien im Schnelldurchlauf.

„Was erzählst du deinem Vater über die Schildkröten?", fragte Karl.

„Ach, er hat sie längst vergessen. Ich hätte es besser wissen müssen. Aber, wenn ich meinen Vater in guter Laune sehe, schaltet sich meine Vernunft aus."

„Hattest du auch Haustiere?"

„In Triest hatte ich einmal eine Katze. Mein Vater hat sie mir geschenkt und ihr einen Namen gegeben. Sisi. Sie war so ein liebes Tier. Wenn es mir schlecht ging, ist sie zu mir gekommen, um mich zu trösten. Irgendwann wurde sie krank. *Papà* hat gesagt, ein Tierarzt wäre zu teuer."

„Dein Vater hat also die Kaiserin sterben lassen?"

„Nicht komisch", sagte Lucia.

„Ich ziehe die Frage zurück", sagte er.

„Schon gut."

„Es ist besser, einen Ausblick auf die Zukunft zu haben, als sich dauernd auf die Vergangenheit zu fixieren", sagte Karl, als die beiden in die Eingangshalle kamen. Kaum hatte er fertig gesprochen, blieb er stehen. Lucia war schon beim Ausgang, drehte sich um und fragte: „Kommst du?"

„Nein, komm du mit mir", sagte er, nahm sie an der Hand und ging mit ihr wieder zum Lift. Sie fuhren hinauf, ganz nach oben, und traten hinaus auf die Aussichtsplattform. Mitten in Wien überblickte das Paar die ganze Stadt. Die Regenwolken hatten sich zurückgezogen, die Sonne kam hervor. Alles glänzte.

„Bitte“, sagte er, „da ist dein Ausblick auf die Zukunft“. Er nahm sein Telefon heraus. Lucia sah auf die Stadt und sagte: „Schön, aber …“

„Nein“, sagte Karl und hielt ihr sein Smartphonedisplay vor die Nase, „diesen Ausblick habe ich gemeint.“

Er zeigte ihr die Fotos und Bestellbestätigungen von Wickeltisch, Kinderbettchen und Kleiderschrank. Das waren die anderen Dinge, die er heute erledigt hatte. Lucia bekam feuchte Augen und sagte: „Du hast mir ja einmal erklärt, dass Menschen nicht nur mit ihren Worten reden, sondern auch mit ihren Taten. ‚Konkludentes Handeln‘ hast du das genannt – durch das eigene Verhalten eine Willenserklärung abgeben, oder so ähnlich.“

Bevor Lucia wegen der Theorie der Willensbetätigung weinen musste, strich er ihr über die Wange und küsste sie. Dann trat er ans Geländer, warf einen Blick nach unten und sagte: „Um ein guter Vater zu sein, werde ich es in Zukunft so machen wie mit den Schildkröten.“

„Wie meinst du das?“, fragte sie und stellte sich neben ihn.

„Sind die Kinder ein zu großer Aufwand“, sagte er, „bringe ich sie in eine Auffangstation.“

„Weißt du was“, sagte Lucia, „es ist in Ordnung für uns alle, wenn du gelegentlich einfach gar nichts tust.“

DAS PRALINENGEHEIMNIS

EDITH ANNA POLKEHN

Da liegt sie, dunkelbraun, klein, mit perfektem Glanz. Auch die Größe ist ideal, nicht zu klein, nicht zu groß, das will keiner. Die Oberfläche glänzt verführerisch in zwei verschiedenen Farben, fein-dunkel die Ghanaschokolade, und etwas heller die aus duftenden Criollobohnen.

Lamias Meisterpraline.

Die zwei verschiedenfarbigen Glasuren sind perfekt getrennt, nichts ist verschmiert oder verlaufen, keine Hälfte ist größer oder kleiner und die Grenze zwischen den beiden Schokoladenfeldern ist gerade und exakt achtzehn Millimeter lang.

Für das Innere des Wunderwerks hat Lamia eine Füllung kreiert, die himmlischer nicht sein könnte. Pistazienmarzipan mit einem Hauch – aber wirklich nur einem Hauch – von Feigenlikör. Das grüne Marzipan, selbst hergestellt aus iranischen Akbari-Pistazien, den besten und größten, die es auf dem Markt gibt, ist ihr gut gelungen. Es ist fein und schmelzend und zwischen den Marzipanschichten, beide in zartem Grün, befindet sich schwarzer Sesamcrunch.

Wie sie den so hinkriegt, wollte ihr Lehrherr Alfred Moser schon immer wissen, aber Lamia verrät ihr Geheimnis nicht. Den Crunch macht sie nur, wenn in der Lehrküche vom Moser keiner da ist, so wie heute, am Sonntagvormittag.

Schwarzer Sesamcrunch ist ganz einfach, so einfach, dass ihr Chef wohl gar nicht darauf gekommen wäre, ihn zu versuchen. Die Sesamsamen werden ohne Fett trocken mit einem

Hauch Blütenzucker angeröstet. Erst wenn sie handwarm sind, gibt sie die Tahiti-Vanille zu. Die verträgt es nicht zu heiß, sonst wird sie bitter. Die gerösteten Körner sind ansonsten naturrein, aber darauf wäre der Chef nie gekommen und Lamia hütet sich, dies preiszugeben. Für eine perfekte Praline müssen natürlich auch alle Zutaten perfekt sein und Lamia macht sich die Mühe, vor der Zubereitung schlechte Körnchen per Hand auszusortieren. Das ist wohl das größte Geheimnis, warum ihr Crunch so gut schmeckt, denn es ist nicht ein bitterer Sesamsamen dabei. Es ist wie beim Kaffeekochen, eine einzige verdorbene Bohne verdirbt die ganze Kanne, das hat Lamia schon als Kind zu Hause in Äthiopien von ihrer Mama Aleele gelernt.

Den Feigenlikör, intensiv aromatisch und von allerbester Qualität, hat Mama selbst gemacht, aus den Feigen, die im eigenen Garten in Debre wuchsen. Lamia hat den Likör mit einer Injektionsnadel in die obere Marzipanschicht geträufelt. Es darf nur ganz wenig sein, ein oder zwei Tropfen, sonst weicht die Masse auf und die schmelzende Konsistenz wäre verdorben. Doch es ist ihr alles gelungen, alles ist perfekt.

Nun fehlt nur noch die Dekoration auf der Praline. Dann ist sie fertig und sie kann sie morgen dem Team der Wirtschaftskammer, Abteilung Patisserie und Confiserie, genau so präsentieren. Denn dieses Wunderwerk wird sie bei der morgigen Meisterprüfung herstellen, und sechs andere Sorten auch.

Alle Pralinen, die sie bei der Prüfung anfertigen wird, müssen Eigenkreationen sein, aber es gibt spezielle Vorgaben: Dunkle Schokolade, helle Schokolade, weiße Schokolade, Frucht, Nüsse und alkoholische Füllung. Die siebte Sorte aber darf sich „Pralinengeheimnis" nennen und die Chocolatierprüflinge müssen davon kein Rezept bereitstellen, wie es bei den anderen sechs Sorten erforderlich ist.

Lamia bewegt das winzige Schokoladenkonfekt auf dem leicht gekühlten Drehteller und begutachtet ihre

Dekorationszutaten. Es steht ihr alles zur Verfügung, das macht die Entscheidung umso schwerer. Sie hat so lange überlegt, denn sie will kein überladenes Dekor. Ihr Meisterwerk soll durch Schlichtheit und erlesenen Geschmack auffallen.

Ihr Chef Alfred Moser ist hinter den Rezepten her, um sie dann als eigene Kreationen auszugeben. Er ist aber auch hinter Lamia her, wie der Teufel hinter der armen Seele, wie man in Wien sagt. Lamia kann schon gut wienerisch. Sie lernt schnell, nicht nur sprachlich und in ihrem Handwerk, nein, sie kann genauso schnell Leute einschätzen und die guten von den schlechten unterscheiden. Der Moser gehört zu den schlechten, diese Erkenntnis hat sie bereits in der ersten Arbeitswoche hier gewonnen. Trotzdem wollte sie niemals aufgeben, nein, ein Mensch wie Alfred Moser sollte ihr Leben und ihre Zukunft nicht kaputtmachen dürfen. Das kam überhaupt nicht in Frage. Bei jeder Beleidigung, bei jedem unangebrachten Wort, bei jedem abschätzigen Blick hat sich Lamia nur eines gedacht: Ich werde es trotzdem schaffen, jetzt erst recht.

Als Chef des Hauses, so hat der Moser gleich am ersten Tag gesagt, kenne er sich mit Schokolade aus und besonders mit solchen braunen und leckeren Schokopüppchen wie Lamia. Dazu hat er widerlich gelacht und ihr in den Po gekniffen. Ihre Hand hat ihm gleich draufgeschlagen, es war ein Reflex. Seither ist das Verhältnis schlecht und Alfred Moser legt ihr viele Steine in den Weg. Aber sie hat sich nicht beschwert, hat alles ausgehalten. Das Grabschen versucht er immer noch ab und zu, aber sie vermeidet den Kontakt, so gut es eben möglich ist. Ein wenig muss sie ihn noch ertragen, bis die Prüfung vorbei ist, und sie darf die ganzen Bemerkungen vom Moser nicht zu nah an sich heranlassen. Eine Chocolatierausbildung im besten Kaffeehaus in Wien machen zu dürfen, das ist wie Wasser in der Wüste zu finden, wie man in Afrika sagt. Ganz gleich, wie fies er ist, betet sie sich täglich vor, ich bestehe meine Prüfung trotzdem. Ich kann was. Ich schaffe das. Der kriegt mich nicht klein!

Lamia muss nicht mehr lange durchhalten. Morgen ist der große Tag, morgen ist die letzte all ihrer Prüfungen. Sie muss sieben Sorten Pralinenkreationen in einem festgelegten Zeitrahmen herstellen. Jeweils 24 Stück, alle gleichmäßig wie aus der Fabrik, alle köstlich. Für alle muss sie ein Rezept bereitstellen, außer für das „Pralinengeheimnis". Da dürfen die Zutaten geheim bleiben. Und das ist auch gut so.

Nach dem praktischen Teil folgt dann auch noch eine halbe Stunde lang die mündliche Prüfung, die fürchtet Lamia viel mehr als das Pralinenmachen. Die schriftlichen Arbeiten und den Pflichtteil Praxis hat sie schon tadellos geschafft, auch wenn sie noch kein Ergebnis hat, so weiß sie doch, dass alles perfekt gelaufen ist. Aber das Mündliche fürchtet sie, denn da sitzt auch der Chef dabei, und wenn er sie anschaut, kommt die Angst wieder. Wenn er diesen gierigen, schleimigen Blick hat, fängt sie an zu frieren und zu zittern, dann ist es vorbei mit ihr. Es wird ihr nichts einfallen, obwohl sie doch alles weiß und kann.

Lamia dreht die Praline herum, betrachtet sie von allen Seiten, genießt den sanften Glanz der Schokolade und überlegt, wie sie den morgigen Tag überstehen soll. Und vor allem: Wie soll sie dieses Probestück dekorieren? Morgen muss es schnell gehen, da kann sie sich nicht so lange aufhalten. Vierundzwanzig kleine Pralinengeheimnisse muss sie machen. Und je vierundzwanzig der anderen Sorten auch.

Lamia nimmt aus ihrem persönlichen Materialköfferchen eine Spritze, zieht aus dem kleinen Medizinfläschchen, das Mama Aleele ihr geschickt hat, ein paar Tropfen glasklare Flüssigkeit auf und presst sie in die Praline. Mama hat ihr versichert, dass der Moser nichts riechen oder schmecken wird. In diesem Augenblick weiß Lamia schon, dass der Chef ihr nun nichts mehr tun kann und sie die Prüfung mit Bravour bestehen wird.

Ihr kleines braunes Meisterstück ist innen nun auf spezielle Weise gehaltvoll und außen fast perfekt, viel Deko braucht es nicht. Edel und schlicht soll es sein. Plötzlich weiß sie genau, wie die Praline auszusehen hat. Mit der goldenen Schriftfarbe aus der Tube schreibt sie ein schwungvolles, verschnörkeltes L auf die Oberfläche, L wie Lamia. Die Signatur der Künstlerin für ihr Werk. Die Goldfarbe verdeckt das winzige Loch, das die Nadel hinterlassen hat.

Puristische Perfektion.

Genial.

Und wunderschön.

Der Chef wird morgen nicht bei der mündlichen Prüfung dabei sein können, dafür hat sie nun gesorgt. Alfred Moser wird sich morgen den ganzen Tag vor Schmerzen krümmen und sich nicht weit von seinem Zuhause und der Toilette entfernen können. Frühestens übermorgen wird er wieder in der Schokoladenküche sein, aber dann ist Lamia nicht mehr da.

Keinen einzigen weiteren Tag wird sie mehr beim Alfred Moser in der Werkstatt stehen und sie wird sich nicht mehr beleidigen lassen. Sie wird ein eigenes Imperium aufbauen und die Pralinenmanufaktur Moser in Grund und Boden stampfen.

Lamia legt die Praline in ein kleines goldenes Plisseeförmchen, stellt dieses zu den sechs anderen auf ein goldenes Tellerchen und bringt ihre Probestücke hinauf ins Büro zu ihrem Chef.

KÖNIGSLOGE

TANJA BEETZ

Sollte der Ulf jetzt echt recht behalten? Sie hatte längst zurück sein wollen. Draußen war es duster und kalt und schneeig. So wie sich das gehörte für einen richtigen Weihnachtsabend. Und wer war nicht da? Die Reni.

Ulf saß auf dem roten Sofa und prostete ihm zu. Mit Bier, der Banause. An Weihnachten.

„Mach dir nix draus, Johnny“, sagte Ulf und parkte seine Füße mitsamt den Winterstiefeln auf dem Tisch. „Die Reni, die ist einfach eine Nummer zu groß für dich. Auf und davon ist die.“

Manchmal war der Ulf echt ein unsensibler Depp. Hätte er jetzt auch ein bisschen netter verpacken können. Also grade an Weihnachten, wo es ja um Heimkommen und Familie geht. Und um Liebe. Heißt doch ‚Fest der Liebe‘. Ja super, und jetzt ließ die Reni ihn so hängen.

Das hätte er nicht gedacht. Niemals. Vor fünf Monaten war das ganz anders gewesen. Da war sie neu in die Stadt gekommen, die Reni. Hatte nicht gewusst, wo sie hinsollte. Nach dem Weg hatte sie ihn gefragt.

„’tschuldigung, wo geht’s denn hier zum Amt?“

Klang ein bisschen altmodisch. Wer redete denn heute noch so? Zum Amt!

Er hatte erst einmal seine Sonnenbrille abgenommen und sie gemustert. Jeans und T-Shirt. Und um ihren Hals baumelte so eine große goldene Metallsonne an einem langen

Lederband. So eine, wie er mal seiner Tochter geschenkt hatte. Als er noch eine Familie hatte. Damals …

„Ich bin die Renate", sie hielt ihm ihre Hand hin. „Aber sag einfach Reni."

„Johann, aber sag einfach Johnny."

Gleich, als er ihre Hand berührt hatte, hatte er gewusst, dass das was werden würde mit der Reni. Er begleitete sie zum Amt.

„Magst erst mal bei mir bleiben?", fragte er, als sie wieder rauskam.

„Ja, warum nicht?" Sie nickte, ihr kurzer Pferdeschwanz wippte an ihrem Hinterkopf.

Da war Johnny jetzt doch überrascht, damit hatte er nicht wirklich gerechnet.

„Kennst mich ja gar nicht und kommst trotzdem mit?"

Sie zuckte mit den Schultern und lächelte.

„Ich hab keine Angst. Ich glaub, du bist ein ganz Netter."

Stimmte natürlich. Das sagte man ihm ja überhaupt gern nach, dass er so ein vertrauenswürdiger Typ sei. Also ganz zurecht, weil er – doppelschwör – noch nie geklaut hatte oder irgendjemanden verletzt.

Sie richteten sich gemütlich ein. Das Sofa hatte er schon. Und den kleinen Schrank, in dem man Lebensmittel bunkern konnte. Ordnung hatte er gelernt in seinem Job. Das Lager der Schraubenfirma war bei ihm immer tipptopp gewesen. Bis es sich ausgeschraubt hatte, weil der Chef sich völlig verrechnet hatte. Leider insolvent, hieß es irgendwann.

Die Reni schleppte dann noch ein Tischchen an und einen Teppich. Heimelig war es, richtig heimelig.

Der Sommer mit der Reni war heiß und ihre Liebe war es auch, also nicht gleich heiß, aber sie wurde von warm zu sehr warm zu heiß. Wie in so einem Spiel, wenn Kinder mit verbundenen Augen etwas suchen. Kalt! Warm! Heiß! Gefunden! Seine Tochter hatte dieses Spiel geliebt.

Eines Tages war der Ulf aufgetaucht. Ständig stand der Kerl auf der Matte. Mann, der konnte vielleicht nerven.

„Lass ihn, der braucht halt ein bisschen Ansprache, weil er so allein ist“, sagte die Reni dann. „In meinen Kramerladen sind die Leute oft nur zum Reden gekommen und haben nix gekauft. Und? Hab ich sie deswegen rausgeschmissen? Natürlich nicht.“

Johnny sah das direkt vor sich, wie die Reni trotzdem immer allen zuhörte. Sie hatte so ein großes Elefantenherz. Das Herz eines Elefanten konnte bis zu 57 Zentimeter lang und 48 Zentimeter breit werden. Hatte er mal gelesen.

Ausgerechnet bei der Reni war dann das Wasser reingerauscht. Laden zerstört und die Wohnung auch. Nicht versichert, das war's dann.

„Und wenn ihr etwas passiert ist?“ Johnny sprang auf und tigerte nervös herum. Er hatte sich so eine Mühe gegeben mit ihrem Weihnachtsgeschenk. Das durfte nicht sein, dass ihr was passiert war. Wegen der Reni als Person, nicht wegen dem Geschenk.

Ulf schlappte zum Schrank und machte sich ein zweites Bier auf. „Die ist weg. Ich geh dann auch mal.“ Er verschwand in die Dunkelheit.

Johnny tigerte weiter. Bestimmt hatte sie eine Freundin getroffen. Da hörte er Schritte. Im nächsten Moment stand sie vor ihm, die Mütze voller Eisklumpen.

„Endlich!“ Er umarmte sie.

„Boah, war 'ne Menge los heute“, sagte sie, stellte ihre Stofftasche neben sich und klopfte den Schnee vom Mantel.

„Egal jetzt.“ Er hielt ihr die Hände vor die Augen.

„Nicht schauen, Überraschung.“ Er schob sie aufs Sofa. „Lass die Augen zu.“

„Okay.“ Sie lächelte.

Dann schlurfte er davon. Herrgott, wo waren denn jetzt die Streichhölzer? Ach da, so … alles fertig.

„Kannst aufmachen."

Sie blinzelte, dann wurden ihre Augen groß wie Bärentatzen.

„Für mich?"

„Für dich. Selbst gebaut. Fröhliche Weihnachten."

„Ein Kamin!", rief sie. „Aus Backsteinen!"

„So einen wolltest du doch!"

„Und wie!"

Reni stand auf und hielt die Hände übers Feuer. Er hatte eine Schnur um den Kamin gebunden. Daran hingen Socken. Sie zog eine Bockwurst aus einer Socke.

„Orangen waren alle", sagte er.

„Ich mag Bockwurst eh lieber", sagte sie und biss ab.

Dann kramte sie eine Konserve aus der Stofftasche hervor. „Ich hab auch etwas für dich. War die letzte Dose."

„Linseneintopf!", rief er. „Das wird ein Festessen!"

Während er den Eintopf erwärmte, machte sie sich auf dem Sofa lang.

„Vorsicht, heiß und fettig", mahnte er, als er das Essen servierte. Die Löffel hatte er in Servietten gewickelt, die Weinflasche entkorkt.

„Hast dir ja richtig Mühe gegeben." Sie zwinkerte ihm zu.

„Für Sie, Majestät, nur das Beste." Er verneigte sich.

Nach dem Essen zog sie die Decke über sich und lehnte sich an ihn.

„Lies mir etwas vor."

Er griff nach der Zeitung und schlug den Kulturteil auf.

„Willst von der Ballettpremiere hören? Die haben den ‚Nussknacker' vom Tschaikowski getanzt. In der Oper."

„Oh ja." Das Holz knackte im Kamin.

Er strich die Zeitung glatt und las die Kritik. Ein Erfolg sei es gewesen, weil dicht und atmosphärisch und nostalgisch. Und all die Pirouetten und Sprünge!

„Mei", sagte die Reni, „so ein Ballett tät ich auch gerne mal sehen."

„Irgendwann kauf ich uns Karten", flüsterte er. „Für die Königsloge."

„Dann brauch ich aber noch ein Abendkleid."

„Klar, das allerschönste Glitzerkleid." Er blickte auf den Stoffbeutel. „Die Tafel" stand darauf. „Und eine passende Tasche dazu."

Später kuschelte sich Johnny zu ihr unter die Decke. Er schloss die Augen, ihre Haarspitzen kitzelten an seiner Nase. Was für ein Glück, dachte Johnny, was für ein Glück, dass die Reni sich getraut hat, an jenem heißen Sommertag.

„Sti-hille Nacht, heilige Nacht, alles schläft, einsam wacht …", sang er ihr leise ins Ohr.

Auf der Brücke über ihnen rumpelte eine Straßenbahn Richtung Innenstadt.

REGEL NR. 1

FANIE OAKLEY

Ein Einbruch ist keine große Sache. Bisschen wie Sex: rein, raus, keine zehn Minuten – easy. Ich breche die Tür so schnell und leise auf, dass es mich schon fast selbst anmacht, wie gut ich darin bin. In der Wohnung drücke ich die Tür geräuschlos wieder zu und sehe mich um. Alle Reichen wohnen gleich. Nicht genau gleich, natürlich, manche stehen auf Ölschinken und große Sessel und andere haben alles modern und weiß, als würden sie am allerliebsten direkt in einem Krankenhaus wohnen. Es gibt aber Sachen, die bei allen gleich sind: Schmuck ist im Schlafzimmer. Wenn Bargeld da ist, ist auch das im Schlafzimmer. Es gibt einen sauteuren Fernseher, irgendwas aus Pelz und mindestens drei Apple-Produkte. Am Ende des Tages alles meins. In jeder Wohnung gehe ich nach dem gleichen Prinzip vor. Struktur ist wichtig. Das ist Regel Nr. 2 bei einem Einbruch. Die Leute meinen immer, dass Einbrüche chaotisch sind und stellen sich vor, dass alles durchwühlt ist am Ende. Ist aber nicht so. Wenn ich mit einer Wohnung fertig bin, sieht eigentlich alles genauso aus wie vorher. Außer dass Sachen fehlen, natürlich.

In jeder Wohnung fange ich in der Küche an und checke dann zuerst in allen Zimmern einmal kurz die Lage, bevor ich mich an die Arbeit mache. Klingt vielleicht sinnlos, in die Küche zu gehen – ich will ja keinen Standmixer klauen – aber manchmal lassen die Leute so Sachen wie ein iPad einfach

Publikumspreis: 1. Platz | Wahl der Fachjury: 2. Platz

in der Küche liegen. Man muss immer gründlich sein, das ist Regel Nr. 3. Bei der Frau, die hier wohnt, liegt aber kein iPad in der Küche, sondern richtig viele leere Verpackungen von geliefertem Essen. Reiche Leute kochen nie selbst, haben aber immer den Kühlschrank voll. Die Frau, die hier wohnt, hat offenbar schon länger nicht mehr aufgeräumt. Man denkt immer, reiche Leute hätten alle eine Putzfrau. Ist aber nicht so. Manche Reiche wollen lieber selber putzen. Soll ja auch jeder tun, was ihm gefällt. Komisch finde ich's trotzdem. In dieser Küche ist auf jeden Fall nichts zu holen. Am Kühlschrank hängt eine To-do-Liste:

Obst kaufen
Wäsche!!
Stadtwerke überweisen
Grabsteine Auswahl
Bestatter nochmal anrufen
recherchieren: Depression vs. Trauma

Klingt nicht so, als hätte die Frau, die hier wohnt, gerade die allerbeste Zeit. Das ist aber nicht mein Problem. Regel Nr. 1: Man muss sich abgrenzen können von seinem Job. Es muss einem einfach ein bisschen egal sein. Klar, einbrechen ist nicht nett, aber das sind andere Jobs auch nicht. So ein Manager von irgendeiner Firma fühlt sich wahrscheinlich moralisch total überlegen, wenn er mir gegenübersteht, aber wenn man dann mal genau nachfragt, kommt raus, dass die Firma ihre Waren in einer Fabrik in Bangladesch herstellen lässt, wo kleine Kinder für einen Hungerlohn den ganzen Tag unter Neonröhren sitzen, bis ihnen ihre winzigen Finger weh tun. Kinderarbeit ist ja wohl um einiges schlimmer, als ein paar Sachen von Leuten zu klauen, die eh genug haben. Wenn der Manager mir gegenübersteht, ist also eigentlich er derjenige von uns beiden, der sich schämen muss. Die Frau ist jedenfalls nicht mein Problem. Für so eine Depression ist bestimmt auch egal, ob man ein iPad hat oder nicht.

Das Wohnzimmer ist riesig und in der Mitte steht ein großer Tisch. Zumindest glaube ich, dass da ein Tisch steht. Man kann das nämlich eigentlich gar nicht erkennen, weil alles voll mit irgendwelchen Unterlagen ist, die kreuz und quer herumliegen. Ich werfe einen kurzen Blick drauf. Ganz oben liegt die Rechnung von einem Therapeuten – 100 € die Stunde, dafür dass andere einen vollquatschen. Das muss man sich mal vorstellen! 100 € fürs Nixtun im Prinzip, sogar das Reden machen ja die anderen. Darunter finde ich einen Prospekt, in dem Bilder von Urnen sind. Eigentlich geht mich das aber alles nichts an. Ich bin hier für die schweineteuren Apple-Lautsprecher, die im Wohnzimmer stehen und für das MacBook.

Im Schlafzimmer gibt es ein Doppelbett. Auf einer Seite liegt ein iPad. Meins. Als ich um das Bett herumgehe, um nach dem Schmuck zu suchen, sehe ich vier Wäscheberge auf dem Boden. Auf jedem liegt ein Zettel: „Montag", „Mittwoch", „Freitag", „Sonntag". Ich weiß ja nicht, an welchem Montag die Frau mit dem Waschen anfangen wollte, aber die Wäsche sieht aus, als würde sie da schon eine Weile liegen. Der Schmuck ist in einem Kästchen im Kleiderschrank. Ich nehme alles. Regel Nr. 5: Keine Zeit verlieren. Schmuck ist klein und wiegt nicht viel. Wenn man erstmal fünf Minuten überlegt, was wertvoll aussieht und was nicht, verliert man nur unnötig Zeit. Auf dem Nachttisch von der Bettseite, auf der das iPad lag, liegt ein goldener Ring. Sieht aus wie ein Ehering. Ich denke an die Grabsteine und den Bestatter von der To-do-Liste. Nicht mein Problem. Ich stecke den Ring ein und gehe in ein Zimmer, das aussieht als wär's ein Gästezimmer, aber gleichzeitig so, als hätte es seit ungefähr einhundert Jahren niemand mehr benutzt. Alles voller Staub. Ein offener Umzugskarton voll mit leeren Weinflaschen und in einer Ecke gestapeltes Altpapier. Sieht so aus, als würde die Frau eigentlich wirklich versuchen, Ordnung zu halten, es sich dann aber ständig mittendrin anders überlegen. Naja, muss sie selber wissen. In einer Ecke gibt es noch einen Sessel mit einem Beistelltisch. Auf dem Tisch steht eine große Glasschüssel mit vertrockneten, alten Pflanzenteilen. Reiche nennen sowas „Potpourri" und fahren total darauf ab. Die könnten sich eigentlich locker 200 frische Blumen leisten, nehmen aber lieber das, was andere wegwerfen würden. Keine Ahnung, was das soll. Auf einer Armlehne vom Sessel liegt ein ziemlich abgenutztes Foto. Eine Frau und ein Mann, beide total jung, stehen händchenhaltend in abgefahrenen Klamotten unter einem Schild mit der Aufschrift „Wedding Chapel" und grinsen beide von einem Ohr bis zum anderen. Ich drehe das Foto um. Auf der Rückseite steht in ausgeblichener Schrift „der schlimmste Tag im Leben unserer Eltern" und daneben ist ein Herz gemalt. Hatten ganz schön Humor die beiden. Meint man gar nicht, wenn man die Bilder im Flur sieht, auf denen sie echt ein ganzes Stück älter sind und so aussehen, als würden sie im Urlaub statt nach Las Vegas zum Wandern in die Berge fahren oder sowas. Die müssen echt verknallt gewesen sein damals. Interessiert mich aber eigentlich überhaupt nicht und geht mich ja auch gar nix an.

Im Bad gibt es nichts zu holen. Das tut es meistens nicht, aber es gibt ja Regel Nr. 3. Manchmal findet man Sachen, mit denen kein Mensch gerechnet hätte. Einmal habe ich ein Armband mit echten Smaragden beim Wäschepulver gefunden. Reiche haben echt einen an der Waffel. Hier finde ich nichts und das ist auch okay. Regel Nr. 4: Die Erwartungen niedrig halten. Es gibt Typen, die einbrechen und dann total austicken, weil sie nicht das finden, was sie finden wollten, und dann alles kurz und klein schlagen. Das ist einfach nur dumm, macht jede Menge Lärm und hält einen auf. Profis arbeiten so nicht und ich bin einer.

Am Spiegel hängen drei Post-its:
Du kannst das schaffen!
Auch wenn du denkst, das Leben ist vorbei: Gib nicht auf!
Morgen tut es vielleicht schon ein kleines bisschen weniger weh als heute.

Ich starre auf den Fußboden. Hole mein Feuerzeug aus der Hosentasche und spiele damit. An. Aus. An. Aus. An. Aus. An. Aus. Das ist alles nicht mein Problem. Kommt ja auch keiner zu mir und interessiert sich dafür, wie's mir geht. Jeder ist sich selbst der Nächste. Und das ist auch gut so. An. Aus. An. Aus. An. Aus. Verdammte Scheiße. An. Aus. An. Aus. Ich gucke auf die Uhr. Eigentlich bin ich noch gut in der Zeit. Und vielleicht ist ja unter den Stapeln im Wohnzimmer nicht nur ein Tisch, sondern irgendwas Sauteures. Könnte doch sein. Reiche lassen ihren Kram überall liegen.

Ich gehe ins Wohnzimmer und nehme mir die Papierstapel vor. Darunter liegt nichts, aber nachdem ich schon mal angefangen habe, kann ich auch noch schnell sortieren. Rechnungen auf einen Stapel – obendrauf die Stadtwerke –, Prospekte auf einen zweiten, handgeschriebener Kram auf einen dritten. Das, was eigentlich nur Müll ist, nehme ich mit in die Küche. Müllbeutel finde ich unter der Spüle. Da kommen auch die ganzen leeren Verpackungen rein. Das dreckige Geschirr stelle ich in die Spülmaschine, finde unter der Spüle Tabs und stelle die Maschine an. Ausräumen muss sie dann wirklich selber. Im Schlafzimmer nehme ich den Montags-Stapel und stecke ihn in die Waschmaschine im Bad. Im Gästezimmer stopfe ich das Altpapier in einen der Müllsäcke, nehme den Karton mit den Weinflaschen mit und stelle beides neben die Wohnungstür. Ich gucke nochmal auf die Uhr. Mit dem Quatsch habe ich viel zu viel Zeit verplempert. Total gestört. Ist auch alles eigentlich echt nicht mein Problem. Trotzdem wische ich einmal kurz durch alle Zimmer. Geht ja eigentlich ganz schnell. Und vielleicht ist es jetzt auch schon egal? Dieser Monat ist gut gelaufen. Eigentlich brauche ich gar nichts mehr. Zumindest nicht dringend. Ich lege den Schmuck zurück und das iPad und die Lautsprecher und das MacBook. Dann nehme ich die Müllsäcke und den Karton mit den Weinflaschen und will eigentlich gerade gehen, da fällt mir der Ehering wieder ein. Ich nehme ihn aus meiner Hosentasche und lege ihn auf das Kopfkissen auf der Seite, auf der nicht das iPad liegt. Als ich die Wohnungstür hinter mir zuziehe, denke ich, wie unfassbar bescheuert die ganze Aktion war. Totale Zeitverschwendung. Und alles eigentlich echt nicht mein Problem. Der Karton mit den Weinflaschen ist sauschwer. Nichts wie weg. Zwei Feierabendbier. Und dann nicht mehr an den ganzen Scheiß denken. Ist aber auch Quatsch. Ich weiß eh, dass ich wiederkomme.

PIZZERIA PARADISO

HELMUT MICHAEL SCHMID

Carlo Ventuzzi siedelte mit seiner Familie von Sizilien in eine bayerische Kleinstadt um, weil es in seiner Heimat keine Arbeit gab. Er hatte keine besonderen beruflichen Qualifikationen, auch beherrschte er die deutsche Sprache nur mangelhaft, deshalb machte er in der neuen Heimat das Naheliegende: Er übernahm ein leerstehendes Lokal und nannte es „Pizzeria Paradiso". Allerdings hatte er nicht bedacht, dass die Kleinstadt bereits über ein italienisches Lokal verfügte, dass zum Stolz der Bewohner, die sich immer etwas im Hintertreffen gegenüber der großen Stadt sahen, durchaus auf städtischem Niveau mithalten konnte. Trotzdem wollte man dem Neuen eine Chance geben und zur Eröffnung war Ventuzzis Pizzeria bis auf den letzten Platz besetzt. Es war dies jedoch das erste und das letzte Mal. Die Speisen der Pizzeria Paradiso hielten bei Weitem nicht, was der Name versprach. Die Pizzen waren an den Rändern verbrannt, die Nudeln pampig und mit faden Saucen, das Fleisch roch streng nach zu langer Lagerung und Fisch gab es ohnehin nicht. Hinzu kam, dass die Ventuzzis aufgrund der geringen Sprachkenntnisse Bestellungen verwechselten und sich im korrekten Addieren der Preise schwertaten. Nur wenige Besucher gaben dem Lokal eine zweite Chance und als die ebenso verheerend ausfiel, verirrten sich nur noch Touristen ins Paradiso.

Umso verblüffter waren die Kleinstädter, als Ventuzzi eines Sonntags mit einem Audi TT Cabrio die Hauptstraße entlangfuhr. Rauf und runter, rauf und runter. Dabei begrüßte er die Besucher der Straßencafés mit Handzeichen, aber nur die wenigsten grüßten zurück. Trotzdem erregten seine sonntäglichen Fahrten Aufsehen. Die Leute fragten sich, woher Ventuzzi das Geld hatte, um sich einen solchen Wagen zu leisten. Niemand ahnte, dass er den Audi in der Lotterie gewonnen hatte. Seine Frau beschwor ihn, das Auto zu verkaufen und mit dem Geld den Standard der Pizzeria zu verbessern. Aber der Wagen war Ventuzzis ganzer Stolz, auch wenn das Benzingeld nur für seine demonstrativen Fahrten reichte.

Die Honoratioren der Kleinstadt waren beunruhigt. Als erster sprach der Lebensmittelhändler Bleichmann von Geldwäsche und Mafia. Der Metzger Vinzenz Lichter, der Apotheker Mühlhofer und andere tragende Säulen der Kleinstadt stimmten ihm zu. Wenn Ventuzzi sonntags seine Runden drehte und freundlich grüßte, grüßten sie nun zurück, wenn auch zögernd. Es war bisher zwar nichts passiert, was den Verdacht auf Mafia und Geldwäsche erhärtet hätte, aber man konnte ja nie wissen. Besser jetzt freundlich lächeln, als hinterher in einem Betonloch zu verschwinden. Ganz kampflos wollte sich die gehobene Gesellschaft jedoch nicht ergeben. Man beauftragte Bleichmann, den Lebensmittelhändler, heimlich Kontakt zur örtlichen Polizei aufzunehmen, um Ventuzzi und seine Sippe auf mögliche Straftaten zu durchleuchten. Die Recherchen waren ergebnislos. Was hatte dieser kleinwüchsige, glanzköpfige Pizzafritze vor? Welches Spiel spielte er? Konnte man ihn nicht unter irgendeinem Vorwand wieder aus der Stadt vertreiben?

Hätte man geahnt, dass die Ventuzzis wegen Geldnot kurz davorstanden, wieder nach Sizilien zurückzukehren, die kleinstädtische Ruhe und Beschaulichkeit hätte ihre Wiederauferstehung gefeiert. Aber das strikte Beharren des Vaters, mit dem Audi in sein Heimatdorf zurückzukehren und mit seinen Erfolgen in Germania zu prahlen, hatte die Familie tief entzweit. Die letzten finanziellen Reserven für Benzin zu verschwenden, stieß bei Ventuzzis Söhnen auf erbitterten Widerstand. Sie weigerten sich, per Anhalter zu reisen, weil in das Coupé nur Ventuzzi und seine Frau passten. Mittlerweile mussten sie sogar die Pasta in Gleichmanns Lebensmittelladen kaufen. Solche Dienste übertrug Ventuzzi aus Scham seinem Sohn Raffaele. Als der Lebensmittelhändler Raffaele mit zwei Päckchen Spaghetti an der Kasse sah, war ihm klar, dass jetzt die Aufforderung kam, sich unter den Schutz der Familie Ventuzzi zu begeben und zu zahlen. Aber nichts geschah. Raffaele zog mit seinen Spaghetti wortlos von dannen. In der Nacht jedoch gab es einen Kabelbrand im Lager des Geschäfts, der einigen Schaden anrichtete. Jetzt war Bleichmann alles klar. Das war eine Aufforderung, bei Ventuzzi vorstellig zu werden. Immerhin hatten sie ihm keine tote Katze vor den Eingang gelegt. Bleichmann recherchierte im Internet über die Methoden der Mafia, erfuhr, dass man das Schutzgeld Pizzo nannte und es etwa 10 Prozent des Umsatzes betrug. Er las auch, was bei Weigerung drohte. Man fackelte seinen Laden ab, lockerte die Radmuttern an seinem Auto, oder – schlimmstenfalls – entführte man die Ehefrau und schickte ihren abgehackten Ringfinger per Post als Ultimatum. Kurz dachte er darüber nach, wieder auf der Polizeidienststelle vorstellig zu werden. Aber dort waren nur drei Polizisten stationiert. Wie sollte ihn da jemand rund um die Uhr schützen? Das Beste war zu zahlen, die 10 Prozent konnte man irgendwie über höhere Preise wieder erwirtschaften.

An einem Sonntag, nachdem Ventuzzi seine Runden gedreht hatte, machte sich Bleichmann auf zur Pizzeria Paradiso. Schon von außen sah er, dass niemand im Lokal saß. Aber er wollte sichergehen und vor allem nicht gesehen werden. Bleichmann ging um das Haus herum, wo sich der Hintereingang mit der Küche befand und klopfte vorsichtig ans Fenster. Niemand kam. Er klopfte noch einmal, diesmal lauter. Ventuzzi erschien, sah den Lebensmittelhändler und zeigte sein strahlendstes Lächeln. Er öffnete das Fenster und rief: „Venga, Venga Signor Bleichmann. Kommen Sie, kommen Sie. Essen Sie mit uns zu Abend."

Der Lebensmittelhändler schreckte zurück, dachte dann aber, dass es unklug wäre, die Einladung abzulehnen. Ventuzzi könnte es als Affront auffassen. Also aß er mit der Familie zu Abend und musste feststellen, dass die Pasta mit frischen Kräutern, die offenbar aus dem Garten stammten, vorzüglich schmeckte. Für sich selbst konnten sie also durchaus gut kochen, diese Halunken. Mehr denn je war er davon überzeugt, dass Ventuzzi ein Mafioso war.

Nach dem Essen verschwanden die Söhne, Signora Ventuzzi räumte die Teller ab und verzog sich ebenfalls. Jetzt war der richtige Zeitpunkt gekommen, dachte Bleichmann. Es war ein merkwürdiges Gefühl, einem echten Mafioso gegenüber zu sitzen. Dabei deutete nichts an Ventuzzis Erscheinung darauf hin. Weder trug er eine Waffe, noch hatte er diesen düsteren Blick, den der Lebensmittelhändler aus dem Fernsehen kannte, wenn sie dort einen Mafia-Krimi zeigten. Im Gegenteil, Ventuzzi lachte viel und herzlich, vielleicht auch weil er nur die Hälfte verstand. Aber das war natürlich nur Tarnung. Bleichmann wollte die Sache möglichst schnell hinter sich bringen, legte das Kuvert mit dem Geld auf den Tisch, sah Ventuzzi an und sagte nur: „Pizzo."

Sein Gegenüber hörte auf zu lächeln, wechselte ins beschwörende, hob die Hände und rief: „No, no, heute nix Pizza. Keine Gast, siehst du." Dabei zeigte er zum Lokal. Bleichmann ließ sich nicht täuschen. Natürlich wollte Ventuzzi die Dinge nicht beim Namen nennen. Er überlegte einen Moment, dann radebrechte er in Ventuzzis gebrochenem Deutsch: „Iste füre dich, von uns." Dabei deutete er mit ausgestreckten Armen die Bewohner der Kleinstadt an. Zögernd öffnete Ventuzzi das Kuvert, sah die Geldscheine und schüttelte den Kopf. „No, no.“ Verdammter Halunke, dachte der Lebensmittelhändler und sagte: „Iste nicht genug?“ Ventuzzi sah ihn verdattert an und fragte: „Warum?“

Was sollte diese Fangfrage? „Nächste Mal mehr.“ Bleichmann stand auf, hielt Ventuzzi die Hand hin und sagte: „Okay, Freund?“ Da der sprachlose Ventuzzi nicht antwortete, deutete der Lebensmittelhändler das als Zustimmung und verabschiedete sich schnellstens.

Am nächsten Sonntag, die Honoratioren der Kleinstadt saßen wieder in ihrem Lieblingscafé, ließ Ventuzzi einmal den Motor aufheulen, als er an ihnen vorbeirollte, und winkte ihnen zu. Alle winkten zurück. Der Lebensmittelhändler berichtete von seinem Besuch bei Ventuzzi und die Versammlung kam zu der Überzeugung, dass es das Beste sei, wenn nach und nach jeder von ihnen in der Pizzeria vorsprach und seinen Pizzo entrichtete. Man legte eine Reihenfolge fest und beschloss, ansonsten über die ganze Angelegenheit zu schweigen. Jeden Sonntag tauschten die Herren sich über ihre Erfahrungen aus und einigten sich, als weitere Geste des guten Willens gelegentlich in der Pizzeria Paradiso zu essen. Das Angebot und die Qualität der Speisen hatten sich mit der Zeit deutlich verbessert, sodass man bei allen Vorbehalten von einer Win-win-Situation sprechen konnte. Keinerlei Vorfälle waren mehr passiert und allmählich legte sich wieder der Firnis der Behäbigkeit über die Kleinstadt. Nur einmal glomm der Widerstand gegen Ventuzzi noch auf. Das war, als er eines Sonntags mit einem Porsche Cabrio die Hauptstraße auf und ab fuhr.

„Das ist unser Geld“, empörte sich der Metzger. Aber er beruhigte sich wieder, als Ventuzzi 3 000 Schweinswürste bei ihm bestellte und sie für die Weihnachtstombola stiftete. Und im Jahr darauf erwog man sogar die Ehrenbürgerwürde für ihn, weil er die Trikots des Fußballvereins der Kleinstadt sponserte. Die Pizzeria Paradiso war ein viel besuchtes Lokal, in dem man inzwischen vorzüglich speisen konnte und jeder, der einen Platz ergatterte, konnte seinen Bekannten am nächsten Tag zuraunen: „Gestern war ich bei meinem Italiener, einem echten Mafioso, zum Essen."

Eines Sonntags, viele Jahre später, wartete man vergeblich auf die rituelle Fahrt Ventuzzis im Porsche Cabrio. War er krank? Womöglich von einem anderen Mafioso erschossen? Ein Bandenkrieg? Drohte jetzt alles wieder von vorne zu beginnen mit einem neuen, strengeren Mafiaboss?

Beunruhigt machten sich die Herren auf zur Pizzeria. Das Lokal war geschlossen, der Porsche verschwunden, kein Ventuzzi weit und breit. Der weilte unterdessen in seinem Heimatdorf in der neu erbauten Villa und feierte mit allen Bewohnern seine Rückkehr in die Heimat. Und jedem, der es hören wollte, schwärmte er von der Großzügigkeit der Menschen in Germania vor, die ihm, dem Sohn eines armen Tagelöhners, zu Wohlstand und Ansehen verholfen hatten.

In der Kleinstadt indes kehrte wieder die gewohnte Eintönigkeit und Langeweile ein. Der Gesprächsstoff beim Sonntagscafé versiegte mangels interessanter Ereignisse. Und wenn der Bürgermeister in seinem Volvo Kombi vorbeifuhr, blickte man nicht einmal auf. Das hatte einfach keinen Stil.

JOHANNA

ROMANA KLÄR

„Hast du den Löffel abgegeben", fragt Johannes. Oder: „Wann wirst du den Löffel abgeben? Gibst du den Löffel heute ab? Du gibst den Löffel ab, oder?", meinte er gestern.

Nie sagt er: „Behalten wir den Löffel. Reden wir nicht mehr über ihn. Der Löffel gehört zu dir! Er steht dir gut an! Er passt zu dir! Ich finde den Löffel gut."

Meinetwegen könnte er auch sagen: „Johanna, ich gewöhne mich schon noch an ihn. Warte ab. Der richtige Zeitpunkt kommt!"

Stattdessen: „Hast du den Löffel abgegeben?" Als ginge es ihn irgendetwas an, ob, wann, wem ich ihn abgebe, den Löffel, oder nicht.

Den goldenen, kleinen Löffel, der seit Jahren griffbereit in der Lade liegt.

Sehnsucht. Erinnerung. Täuschung.

„Ich gehe mit dem Hund hinaus", sagt Johannes. Und meint: Wenn ich zurück bin, hast du ihn aber abgegeben!

Aber ich lasse mir nichts anmerken. Ich behalte ihn.

Die Straßenbahn ruckelt. Ich spüre jede Weiche und lehne den Kopf an das feuchte Fenster. Tropfen und Rinnsale wippen im Takt der Fahrt. Meine Wimpern berühren fast die Scheibe. Ich hauche sie an. Anderen würde bei so etwas grausen. Ich halte meinen Atem an, bis ich vergesse. Solange es nieselt, verwende ich keinen Schirm. Ich muss vorsichtig sein beim Aussteigen. Womöglich hat es auf dem Friedhof in der Früh mehr geregnet. In den Unebenheiten auf dem Weg zur Halle sammelt sich das Wasser zu Pfützen. Ich hasse Schmutzspritzer auf meiner schwarzen Hose.

Wenn es draußen feuchtelt, riecht es drinnen streng. Das Gemisch aus Nelken, Chrysanthemen und Lilien kann ganz schön auf die Brust drücken. Ist es warm, denkt man, es wäre Leichendunst. Ein Toter riecht aber nicht aus dem Sarg heraus. Das ist Blödsinn. Eingeredeter Blödsinn. Trotzdem freut man sich, wenn es hinaus geht unter den Himmel, langsamen Schrittes. Eine Erleichterung – nicht nur bei mir. Das habe ich hundertfach erlebt. So schön können die Worte drinnen gar nicht gewesen sein. Jeder ist froh, wenn man wieder draußen ist.

Ingeborg Meier. Heute begleiten wir Ingeborg zum letzten Mal auf ihrem Weg. Ihr Lebtag lang hat sie alles für ihre Kinder gegeben. Aufopferungsvoll war sie da, wenn ihre Tochter auf einen Rat angewiesen war oder wenn ihr Sohn vom anderen Ende der Stadt sie angerufen und spontan darum gebeten hat, am nächsten Morgen die kranken Enkelkinder zu versorgen, weil er auf Dienstreise muss und seine Frau – selbst, wenn sie es gewollt hätte – nicht aus dem Büro wegbleiben konnte. Ingeborg war gern zur Stelle. *Setzte sich auf den Boden, las Bilderbücher vor. Erledigte den Einkauf, kochte Essen, wusch das Geschirr, bügelte, was liegen geblieben war. Tausend Gelegenheiten, im Kreis zu denken. Beriet mit ihren Kindern, welcher ihrer nächsten Schritte welche Folge nach sich ziehen könnte und welcher Weg daher der bessere sei.* Alle Mühen eurer lieben Mutter und Großmutter habt ihr ihr vielfach gedankt und in Gemeinschaft gefeiert. So habt ihr es mir erzählt. So wissen es die anwesende Schwester und die Brüder der Verstorbenen, ihr Schwager und ihre Schwägerinnen, ihre Nichten, Neffen und Nachbarinnen. Verbundenheit stärkt euch.

Nicht zuletzt seit damals, als Herwig, euer Vater und Großvater, nach 40 Ehejahren Ingeborg verlassen hat. Ihr habt gelernt, was Zusammenhalt in einer Familie heißt. Jetzt folgt Ingeborg ihm nach. Bevor sie wohl vorbereitet diese große Reise angetreten hat, war ihr bewusst: Sie hat das Schönste und Wertvollste hinterlassen, was ein Mensch auf dieser Erde geben kann: Ihr, lieber Sohn, liebe Tochter und Enkelkinder bleibt und tragt das, was Ingeborg in eure Herzen gesät hat, weiter. *Wo immer ihr seid, wird der Frust über ihre selbst auferlegte Beschränkung, den diese Frau im Stillen durchlitten hat, die Nähe zwischen euch ersticken.* Wo immer ihr seid, wird ihr unbedingter Wille, helfend und schützend da zu sein, weiterwirken. Ihr trocknet die Tränen im Wissen, dass Ingeborg ein erfülltes Leben hatte und von Krankheit verschont geblieben ist. Das war ihr größter Wunsch, sagte mir ihr Sohn. Niemandem zur Last zu fallen im Alter. Ein rasches Ende, *ja, das hat sie euch geschenkt, ohne Altenheimbesuche und medizinische Heilbehelfe, dafür auch ohne Aufrichtigkeit, ohne ehrliche Geschichten*, so hat sie es sich gewünscht.

Eine Stunde Pause, dann kümmere ich mich um die Verwandtschaft von Hubert Huber. Eine kleine Gruppe ist es diesmal. Es hat aufgefrischt. Ich kann spazieren, habe keine Lust, im Cafè auf dem Handy Nachrichten zu lesen. Manche denken, ich muss mich lange vorbereiten. Ich brauche aber nur wenige Notizen. Der schwierigste Teil ist, den Hinterbliebenen im Zuge der Auftragserteilung aufmerksam zuzuhören. In den ersten Sätzen steckt oft ein wichtiger Kern, dann legt sich ein Filter über die Erinnerungen, Erlebnis-Fantasien poppen auf, bei denen meistens das Davor und Danach der Idylle fehlt. Kinder und Enkelkinder blättern in Spruchbüchern, geben Zitate mit, die den Verstorbenen einmal etwas bedeutet haben. „Was wird aus Huberts Katze?“, hat mich sein Neffe gefragt, als ob ich darauf eine Antwort geben könnte.

Hubert Huber – Wir stehen vor dir und ehren deinen Einsatz für Mitmenschlichkeit in deiner Schule, wo du fast 40 Jahre lang den Grundstein für die Karrieren von Burschen und Mädchen gelegt hast. Du hattest viele gute Seiten, sagen deine Verwandten über dich: Unser Hubert hat seine Unabhängigkeit geliebt, sie aber nie über die Verantwortung gegenüber seinen Tieren gestellt. Mucki, Fritzi, Tommi, Binki, Susi … Eine nach der anderen war ihm über die Jahrzehnte eine treue Gefährtin. Wenn er vom Unterricht nach Hause gekommen ist, haben sie ihn umschmeichelt. Wenn er die Hausübungen und Klassenarbeiten korrigiert hat, haben sie sich auf die Hefte gesetzt. *Wer weiß, wie viele Kinder am nächsten Tag einen allergischen Erstickungsanfall bekommen haben.* Wenn er in den Sommerferien in seine Fischerhütte gezogen ist, war das jeweilige Kätzchen mit dabei. Freigängerinnen waren sie allesamt. So wie Hubert. Frei von Verpflichtungen außerhalb des Lehreralltags, frei vom Druck, sich Großartiges schaffen zu müssen, weil er Bescheidenheit nicht gepredigt, sondern gelebt hat. *Heule nur, lass es raus! Am Grab weinen viele nicht wegen der Toten. Sie trauern wie du über ihr eigenes Leben, vergessene Wünsche, Verlust. Du hast mir erzählt, dass dein Vater sehr krank ist, es wäre nur eine Frage der Zeit. Jetzt stehst du vor deinem toten Onkel Hubert, den du nicht wirklich mochtest, weil er ein zynischer Sturkopf war, weil es in seiner Wohnung nach Katzenpisse gestunken hat und weil er nicht dazu stehen konnte, wen und was er wirklich wollte. Kein Outing, obwohl allen sonnenklar. Dabei hätte er doch ein Vorbild sein können für dich. Und dein Vater ist der nächste. Du weißt es. Er weiß es auch. Er weint nicht. Schau hinüber zu ihm. Du hast Harald, deinen Mann. Das reicht dir nicht. Es reicht nie. Niemandem reicht das, was er hat.* Frei von Plänen, weil er in ruhigen Gewässern fischen wollte. Zufriedenheit sei der Schlüssel zum großen Glück, hat er gern gesagt, wenn er mit seinem Bruder ein Stamperl gehoben hat. *Entscheidend sei, wie Menschen leben, nicht was sie erzählen, habe ich gestern online gelesen.*

Nachmittagstermine sind gut. Danach ist Feierabend. Drei Termine auf dem Friedhof pro Tag sind Stress. Zwei sind besser. Dann kann ich am Vormittag einen Hausbesuch machen. Wie geht sich das morgen aus? Um 10.30 bin ich in Margareten. Trude Müller, 46. Ui. Die ist nur ein paar Jahre älter als ich. So etwas mag ich nicht. Die haben Halbwüchsige zu Hause. Familien mit jungen Hinterbliebenen sollen sich jemand Spirituellen suchen. Religion oder Esoterik. Egal. Tote in meiner Altersklasse mag ich nicht. Da ist zu viel Krankheit im Spiel. Oder Sucht. Offen gezeigter Kummer. Die alten heimlich verspielten Leben sind mir lieben. Na gut, Trude Müller. Welchen goldenen Löffel hast du mitgenommen? Welche Sehnsucht, Erinnerung, Täuschung ist mit deinem Atem verflogen?

Der Asphalt ist aufgetrocknet, die Hose klebt an meinen Beinen. Es ist zu warm für diese Jahreszeit. Mir wird schnell heiß. Vorzeitiger Wechsel hat Luzi zu mir vorige Woche gesagt. Ihre Frauenärztin habe bei ihr einen vorzeitigen Wechsel mit 35 diagnostiziert! Alles vorbei, hat Luzi gestöhnt. Dabei hätte sie noch nicht einmal den Richtigen kennengelernt. Einen, mit dem sie eine Familie gründen könnte. Und jetzt, bevor das alles überhaupt erst einmal eingetroffen ist, soll schon alles vorüber sein? Sie habe immer auf Besseres gehofft. Alles falsch gemacht, wo es doch jetzt keine Hoffnung mehr geben kann, hat sie gemeint.

Ich werde die Hose später in die Putzerei bringen. Der Stoff lässt sich nicht gut bügeln, so ein Fehlkauf. Nein, kein Fehlkauf, wenn ich die Reinigung von der Steuer abschreiben kann. Morgen, sagt das Radio, gibt es Sonnenschein. Sonnenschein bei der Beerdigung von – wer ist morgen dran? Trude Müller kommt erst nächsten Dienstag. Morgen kommt Karin Schluck. Das ist makaber. Da muss ich mich zusammenreißen. Karin Schluck hat sich verschluckt. Ich darf nicht sagen, dass sie sich verschluckt hat. Ich sage ohnehin nicht, woran sie gestorben ist. Das mache ich nie. Karin Schluck hat sich verschluckt. Kaum scheint die Sonne, muss ich lächeln. Das ist schön. Auf Luzi und ihren vorzeitigen Wechsel habe ich heute keine Lust. So wenig wie auf Johannes. Ich lege mich in die Sonne, mache die Augen zu und schaue hinauf in den Himmel. Sehnsucht, Erinnerung, Täuschung. Ich lasse mir nichts anmerken.

BLAU WIE ENZIAN

KATHRIN THENHAUSEN

Dezember.
Wenn man lange genug auf die weißen Wände starrt, blähen sich dort zweidimensionale Personen auf, die Mundwinkel durchbrechen die Fotorahmen, bis ich fürchte, sie könnten zerreißen. Es ist ein boshaftes Lächeln vergangener Zeiten, Vater, Mutter, Sohn. Sie halten sich an den Händen und trotzen der Realität.

Wir sitzen mit heißen Tassen Tee am Küchentisch und warten darauf, dass er kalt wird und wir einen Grund haben, aufzustehen. Wenn wir die rotbraune Flüssigkeit in den Ausguss leeren und mit der Spülbürste Muster in das Porzellan malen, geben wir uns Mühe, einander nicht anzusehen. Wir trauen es uns kaum, uns selbst zu betrachten und fürchten uns vor dem Spiegel im Blick des anderen. Die eine Tasse hat einen Sprung, dabei sind sie doch rund und runde Gefäße sollten stabiler sein, weil sich kein Ungleichgewicht in den Ecken bilden kann. Unsere Lippen sind gerade Striche, wir könnten auch aus eckigen Behältern trinken, der Alltag fühlt sich instabil an. Ich weiß nicht, ob du weinst, wenn du die Tür hinter dir schließt. Die Anstrengung einander auszuweichen ist Routine geworden. Ich denke, wir sollten Tee nachkaufen.

Januar.
Man redet von letztem Jahr. Als könnte sich allein dadurch etwas an dem Gefühl zwischen Hals und Magen verändern.

Die Zeit soll ein gnädiger Richter sein, doch das Urteil haben wir uns selbst gegeben, es sitzt in den Falten auf der Stirn und schluckt Kopfschmerztabletten und Schlafmittel. Wir hätten da sein müssen, wir hätten ihn festhalten können. Nun schaffen wir es nicht einmal, uns selbst zu halten.

Wir verharren zwischen den Monaten und warten, dass aus letztem Jahr ein vor zwei, drei, vier Jahren wird. Ungeduldig verschlingen unsere Kalender jegliche weiße Lücken und spülen die Tage hinterher. Das Gefühl bleibt sitzen, trotzdem.

Eigentlich schweigen wir über das letzte Jahr, pressen die Lippen so fest zusammen, dass die Stille aus den Ritzen der Kleidung quillt.

Die Hautschichten glänzen unter der Belastung, wir wischen mit den Fingern darüber und drücken es in Runzeln, schmieren fetthaltige Creme darauf.

Letztes Jahr war Hautpflege eine vertrocknete Tube im Badezimmer, nun hüllen wir es in dunkle Farben. Mit grauen Lidschatten versuchst du von den Augenringen abzulenken. Davor habe ich dich noch nie geschminkt gesehen und die Augenringe trugen wir nur, wenn wir frühmorgens die Betten verließen und das Auto Richtung Berge lenkten.

Wir treten uns gegenseitig auf die Füße und sind einander ferner denn je.

Februar.
Seine Wanderstiefel legst du auf den Stapel der Garage, ich zerre sie wieder neben den Kamin, bevor der Regen das weiche Innenfutter verschlingt. Wir reißen mit den Händen nicht nur an den Schnürsenkeln und lassen sie im Hausflur stehen.

Von der Decke hängt die Spannung, eine Glühbirne brennt aus und unsere stillen Lippen schnappen nach Dunkelheit.

März.
Die Wohnung ist zu klein geworden, ohne eine dritte Person wachsen wir langsam aus den Fenstern heraus. Wir waren zu zweit einmal mehr als ein Ganzes, jetzt sind wir zwei Hälften, die sich nicht zusammenfügen lassen. Wir wohnen in einem Haushalt der halben Sachen, halb geöffnete Fenster, halbe Zweifel, die Blumenbeete halb mit Unkraut verwachsen.

Den Briefkasten leeren wir viermal am Tag und füllen den Kühlschrank mit einzelnen Joghurts und Äpfeln, die wir nicht anrühren. Meine Schuhe behalte ich auch im Haus an, es sei kalt, versuche ich mich selbst zu überzeugen, aber eigentlich bereite ich mich nur darauf vor, wegzugehen. Du tust so, als bemerktest du nichts.

In mir schrumpfen die Worte, bis ich das Sprechen verlerne.

Der Frühling drückt gegen die angelehnte Haustür und du knotest mit Stricknadeln die grauen Wolken fester zusammen.

Ich hasse das klappernde Geräusch.

Mai.
Mein Blick verfängt sich in deinem Namen auf dem Telefon, das langsam von dem Beifahrersitz vibriert, noch bevor ich auf der Autobahn bin.

Zu viel und zu wenig Ausgesprochenes verklingt im Fußraum.

Die Berge wälzen sich über den Horizont und meine Finger zittern, als ich auf die kleine Schotterstraße abbiege. Über den Gipfeln sammeln sich weiße Wolken, mein Blick stochert darin nach Resten von Sonnenschein und ist froh, keine zu finden.

Morgen, sage ich mir, als ich in die Einfahrt biege, morgen gehe ich los, heute sei es zu dunkel.

Früher hatten wir meist nicht einmal mehr den Kofferraum ausgepackt.

Juni.
Noch immer warten die braunen Schuhe hinten im Fahrzeug. Alle drei Tage fülle ich die mitgebrachten Taschen im Dorfladen und weiche den mitleidigen Blicken der Ladenbesitzer aus. Wo meine Frau ist, fragen sie. Zuhause, entgegne ich, jemand muss sich um das Haus kümmern. Du sagst, dir gehe es gut und wir wissen beide, dass das nicht stimmt.

Am Telefon sprichst du von Osterglocken und Stiefmütterchen, die langsam ihre Blüten öffnen. Du hältst den Hörer zu dicht, sodass sich dein Atmen schwer in meine Ohrmuschel legt.

Deine Stimme breitet die herzförmig angeordneten Tulpenzwiebeln vor mir aus, um den Stein möchtest du Enzian anpflanzen.

Weißt du, wie damals.

Ich nicke, wir schweigen.

Zum ersten Mal bemerke ich die Risse in dem Holz des Tisches, Spuren der Abnutzung, die das Gespräch sonst verdeckte.

Ich verbringe die Tage im Garten hinter der Hütte, eine eigene Welt, als hätte jemand eine Schneekugel über mich gestülpt.

Auf der weiß glasierten Oberfläche rolle ich mich zu einem Kokon zusammen, warte, dass das Schütteln aufhört und der Schleier von meinen Augen fällt.

Mit den Fingerspitzen streife ich am Glas entlang, die Kratzer und Bruchspuren der Kugel.

Der Himmel scheint nie blau genug zu sein, vielleicht regnet es später, sage ich mir, wenn der Pfad hinter der Hütte sich zu mir schleicht. Noch bevor der Mensch gelernt hatte, zu sprechen und zu gehen, konnte er bereits aus Ausreden Gebäude errichten und sich in seinem Schmerz vergraben. Wenn man sich nicht bewegt, schmerzt es weniger, glaube ich. Die Berge waren einmal mein, unser Lieblingsort.

Juli.
Mittags brennt die Sonne.

Du rufst an und fragst, wie es mir geht.

Gut, sage ich, und dir?

Gut.

Schön.

Wie das Wetter so ist.

Gut.

Und wo ich schon überall war?

Hier und dort. Nichts Bestimmtes.

Wann ich wiederkomme? Ob ich nicht bei ihm sein will. Bald jährt es sich. Deine Stimme klingt monoton, wir haben uns die Verzweiflung abgewöhnt, Emotionen und Nähe wiegen zu schwer.

Ich schweige, wir schweigen und legen irgendwann auf. Ich frage mich, woran ich festhalten kann, wenn mir die Zeit irgendwann den Schmerz raubt.

Meine Hände tragen die braunen Schuhe aus dem Kofferraum in den Raum vor der Küche und verharren dort, ohne sie abzustellen.

Das Gewicht der Stiefel spüre ich wie einen Teil von mir, wir stehen still vor dem Kamin. Ich sollte in die Berge steigen, hätte damals mit in die Berge steigen sollen, als er unbedingt raus wollte und wir beide nicht.

Wenn man nicht aufpasst, wird der Alltag zu einer Aneinanderreihung von Konjunktiven und nichts ist mehr möglich.

August.
Eine kleine Familie, Vater, Mutter, Sohn, läuft an der Hütte vorbei, der Junge ein Stückchen voraus, er will den Entdeckerweg gehen. Weißt du, das wollte unserer damals auch. Neugierig sein, sich abgrenzen, loslösen. Nachmittags sehe ich sie wieder Richtung Dorf spazieren, das Kind hält den Vater an der Hand, meine eigene fühlt sich so leer an. Sie lächeln und grüßen, das Wetter ist schön. Gartenzaungespräche. Das Wetter ist so schön und ich starre auf die braunen Schuhe, die ich früher fast nie ausgezogen habe. Das Wetter ist so schön und trotzdem ist mir kalt. Oder: Mir ist kalt und trotzdem scheint die Sonne, als müsste man den Tag nutzen, als müsste man Schritte nach vorn machen. Die Kondolenzen waren mit Fußstapfen und Blumenmustern verziert und die Worte einander zu ähnlich.

Das Wetter soll schön sein.

Meine Schritte sind vorsichtig, auch wenn sie den Weg Richtung Gipfel sogar nachts fänden.

Ich stemme die Arme gegen das Glas der Schneekugel und hebe es an.

Hinter dem Schleier ist der Himmel noch heller und die Vergangenheit drückt in meine Gelenke.

Es ist früher Abend, als ich die Stelle erreiche.

Die Steine hier sind lose und knirschen unter meinen Sohlen. Der Berg neigt sich dem Tal zu, die graue Kluft fällt vertikal in das Dorf.

Nachts verschwimmt der Pfad Richtung Schlucht, mit einem Stock muss man im Nebel stochern, um nicht vom Weg abzukommen.

An der dem Berg zugewandten Seite male ich ein Rechteck mit der Form eines Grabsteins in die Erde.

Als ich den kleinen Strauß blauen Enzian fallen lasse, schließe ich meine Augen.

Helle Flecken tanzen vor der Netzhaut.

Du rufst an. Ich sage dir, dass ich bei ihm war.

Meine Stimme ist belegt.

In dem Schweigen klingt dein Atem vertraut. Wir müssen weitermachen, trotzdem, spreche ich zum ersten Mal seit einem Jahr aus und wir wissen es beide.

Ich sage, du kannst den Bus nehmen, vielleicht denke ich es auch nur.

Deine Stimme zögert, es ist mehr, als wir in dem letzten Jahr miteinander gesprochen haben. Ja, sagst du, du könntest den Bus nehmen.

Wir beide haben Angst, den Schmerz loszulassen, ein Geländer, an dem wir uns festhalten können.

Der Himmel ist blau wie Enzian, weißt du, sage ich, wir können trotzdem versuchen, wieder ein Ganzes zu sein.

EINE KARTE FÜR LILLY

GUDRUN ZECHNER

Eine Autotür fiel zu, Wastls aufgeregtes, freudiges Bellen, helles junges fröhliches Lachen und das Klappern von Absätzen auf den Steinplatten vor dem Haus …

Geräusche wie aus einer fernen, fast schon fremd gewordenen Welt durchdrangen den Nebel. Den Nebel, der die Realität und die andere Welt, in der sie sich immer öfters befand, verschwimmen ließ. Zu unterscheiden, wo die leichte Decke, welche sie umhüllte, aufhörte und ihr Körper anfing, war unmöglich. Mit einem wohligen Gefühl eines Schwebezustandes könnte man es am ehesten beschreiben. Egal. Es spielte keine Rolle mehr. Es war gut, es fühlte sich gut an. Das Lachen zu hören ließ ihre Mundwinkel leicht nach oben gehen und ein Lächeln überzog ihr ganzes Gesicht. Sie ist gekommen. Lilly.

Die Augen zu öffnen war ihr zu anstrengend. Sie wusste, wie die Welt da draußen jetzt aussah. Und sie konnte es sogar fühlen und riechen. Die warme Sommerluft, die durch das offene Fenster drang. Der Duft, warm, satt und mit einem Hauch von frisch gemähtem Gras. Ein leichter Sommerwind zog spielerisch seine Runden durch die alten Äste des Apfelbaumes und lud die Blätter zum Tanz ein. Ein wunderbares Geräusch. Friedlich und leicht. Sie spürte die warmen Sonnenstrahlen auf ihrer Hand und sie wusste, wenn sie jetzt die Augen öffnete, würde sie die tanzenden Lichter der Sonne auf der Decke des Zimmers sehen. Kleine Staubpartikel würden durch die Luft in der Sonne flirrend umherschweben. Unter ihren Fingern konnte sie das kühle Papier des Kuverts und die Umrisse der Karte, die sich darin befand, spüren. Zart strich sie darüber, fast wie ein Streicheln, und lächelte. Die Schwerelosigkeit nahm wieder zu und entzog sie dieser Welt. Nahm sie mit.

Ein großer lichtdurchfluteter Raum. Am Boden ein Pfeil, der ihr die Richtung zeigte. Direkt hin zu einer geschlossenen Tür. Ebenfalls weiß. Daneben an der Wand ein Schild. „Deine Welt“, war darauf zu lesen. Ihr Herz flatterte kurz vor Aufregung. Dann öffnete sie zaghaft und vorsichtig die Tür und trat ein. Große Bilder hingen an den Wänden über den ganzen Raum verteilt. Die Bilder schienen sich zu bewegen, spielten kleine Szenen. Staunend versuchte sie zu begreifen, was sie da sah. Sie ging näher an das Bild gleich rechts neben der Tür, und dann verstand sie. Kurz zog sich ihr Herz zusammen in Erinnerung an den Schmerz und die Worte von damals.

Sie sah sich selbst, wie sie nur mit einem großen Rucksack am Rücken das Haus verließ. Sie wusste noch, dass sie das Ticket für den Bus damals fest in ihrer zu einer Faust geballten Hand gehabt hatte. Alle Argumente, die sie davon abhalten sollten zu gehen, waren vergebens. „Das kannst du nicht machen, ich verstehe dich nicht, das ist unvernünftig, wie kannst du nur …“ Sie ging trotzdem.

Als sie sich zum nächsten Bild hinwandte, öffnete sich ihre Seele vor Freude und sie rannte nun von einem Bild zum Nächsten. All die Länder, die verschiedenen Kulturen, wunderbare Weggefährten, Sonnenuntergänge, Sonnenaufgänge, weiße Gipfel und türkisblaue Seen. Steile Klippen und Wälder mit moosüberzogenen großen Steinen und eiskalten klaren Bächen. Dörfer, die an Hängen klebten und Boote, die im Wind schaukelten. Der Raum ging über vor Leben. Ihrem Leben.

Plötzlich befand sie sich wieder vor einer Tür. „Bunte Vielfalt“, stand auf dem Schild daneben zu lesen. Diesmal zögerte sie nicht. Wieder ein Raum mit Bildern. Überwältigt von der Intensität und der Kraft ließ sie sich auf eine Bank fallen, die mitten in diesem Raum stand. Bilder, die sie im Lauf ihres Lebens gemalt hatte. Sie selbst in einem Hemd voller bunter Farbkleckse mit grellpink gefärbten Haaren. Sie lachte über sich selbst und schüttelte den Kopf. Bilder mit Menschen an Tischen, mit Essen und Früchten aus verschiedenen Ländern. Was für eine Freude war es, dies wieder zu erleben, zu spüren. Die Menschen mit all ihrer Buntheit, die sie kennenlernen durfte. Ihre Seele tanzte zu einer Musik, Musik, die sie nicht einordnen konnte. Diese Musik klang wie alles, was sie je an Musik gehört hatte. Vermischt, aber trotzdem in wunderbarer Harmonie.

Als sie etwas zur Ruhe kam und nur mehr tiefe Freude und Dankbarkeit spürte, bemerkte sie am Ende des Raumes noch eine Tür. Was kann jetzt noch kommen, dachte sie und erhob sich, um das Schild zu lesen. „Deine Liebe“, stand da. Es ging ganz schnell, unkontrolliert liefen Tränen über ihre Wangen, bevor sie die Tür überhaupt geöffnet hatte. Endlich, endlich war es soweit. Sie würden sich wiedersehen. Ihr Herz, ihre Seele wurden warm und weit. Die Sehnsucht und der Schmerz der vergangenen Jahre lösten sich auf. Nur mehr Liebe war da. Reine Liebe. Bedingungslos. Ihre Hand zitterte, als sie den Türgriff nach unten drückte. Die Tür öffnete sich, sie ließ los und lief. Lief ihr entgegen, der Liebe ihres Lebens. Wiedervereint.

Lilly umarmte ihre Mutter. Der wohlbekannte Duft von Lavendel und frischem Brot stieg ihr in die Nase. Die Mutter strich mit ihrer Hand, an der sich sogar noch etwas Mehl befand, liebevoll über Lillys helles Haar. Wastl drängte sich dazwischen und forderte auch seine Begrüßung ein. Hastig streichelte Lilly über sein feines schwarzes Fell, mehr ließ ihre innere Unruhe nicht zu. „Ich will schnell zu ihr". Lilly blickte nach oben zum geöffneten Fenster. Die Mutter nickte verständnisvoll. „Geh nur, wir haben später Zeit genug". Und schon hörte sie Lillys Absätze eilig über die Holzstiege hinaufklappern.

Lilly öffnete vorsichtig und leise die Tür. „Nonni?" Das Zimmer war warm von der Sommersonne. Sie konnte das Gras riechen, das ihr Vater gerade gemäht hatte. Sie sah ihre Großmutter, die Augen geschlossen, das Gesicht ruhig mit einem unglaublichen Lächeln. Lilly wusste, es war zu spät. Tränen kullerten unkontrolliert über ihre Wangen. Sie ließ sich aufs Bett fallen, den Kopf an die Hand geschmiegt, die auf der blau gemusterten Decke lag. Sie war noch ganz warm von der Sonne. „Ach Nonnilein, du kannst mich doch jetzt nicht allein lassen. Ich hätte deinen Rat gerade jetzt so dringend gebraucht. Ich weiß nicht, was ich tun soll!" Tränen durchnässten die Decke und hinterließen dunkle nasse Spuren. Erst jetzt bemerkte Lilly das Kuvert unter der Hand ihrer Großmutter. Sie zog es vorsichtig heraus. „Für Lilly", stand mit verwackelter Schrift auf dem Kuvert. Das Kuvert war nicht verschlossen. Eine bunte Karte befand sich darin und Lilly nahm sie heraus. Abgegriffen, an der Kante auch schon eingerissen. Es war ein Motiv voller bunter Häuser mit roten Blumenkästen und Fischerbooten, die davor in einem Hafen lagen. Zwar schon verblasst, konnte Lilly aber noch lesen, was auf der Karte geschrieben stand. „Folge deinem Herzen, entdecke die Welt in ihren Farben und in ihrer Vielfalt und dein Leben wird gefüllt sein mit Freude und Liebe."

„Danke", flüsterte Lilly mit leiser, zittriger Stimme. Sie drückte die Karte mit dem letzten Rat ihrer Nonni an ihre Brust, hielt die Hand ihrer Großmutter und blieb einfach am Rand des Bettes sitzen. In stiller Zweisamkeit, wo sich die Tränen mit dem Lächeln in den Mundwinkeln vermischten und einen salzigen Geschmack hinterließen.

SCOUT

THOMAS JOSEF WEHLIM

Die Nachricht verbreitete sich wie ein Lauffeuer.

„Monsieur ist wieder da. Monsieur Football."

Monsieur Football. Jedes Jahr kam er einmal im Dezember. Und brachte das Glück. Für fünf oder sechs von zweitausend. Vielleicht.

Auch Abuda hörte die Nachricht. Und erzählte sie, mit rasendem Herzschlag, seinen Eltern. Vor zwei Jahren war er noch zu jung gewesen. Und letztes Jahr mit Fieber im Bett. Es musste klappen dieses Jahr. Das Glück kam nur einmal alle zwölf Monate nach Afrika. Und zwischen Afrika und Europa war ein großes Meer.

Am übernächsten Morgen stand eine Schlange von über 500 Menschen vor dem Fußballplatz. Knaben, Mütter, Väter. Die Knaben scherzten mit ihren Vätern. Die Mütter hatten Essen, Trinken und Sorgen dabei. Glück kann auch sehr weh tun. Afrikas Sonne brannte heiß.

Abuda befand sich mit seiner Familie in der Mitte der Schlange. Sie konnten den Fußballplatz nicht einmal richtig sehen. Geschweige denn, was dort geschah. Gerüchte durchzogen die Schlange wie Parasiten einen Darm. Probeschüsse. Europäische Meistervereine. Nachwuchsspieler. Afrika war ein großes Fußball-Land. Voller Talente, voller Hoffnungslosigkeit.

Als Abuda und seine Familie näherkamen, hörten sie dieses Scheppern. Wenn ein Lederball gegen ein Gitter donnerte.

Das Gitter des Fußballplatzes. Das Gitter zwischen zwei Welten. Der Welt ohne Fußball und der mit Fußball.

Schließlich konnte Abuda sehen, was auf dem Platz geschah. In einem Tor stand ein bärtiger Mann im Trainingsanzug. Etwa fünf Meter neben dem Tor saß ein dicker, älterer Mann auf einem Klappstuhl. Ein Junge schoss von einem Elfmeterpunkt auf das Tor. Der Bärtige hielt den Ball. Der Junge verließ den Schussbereich mit hängenden Schultern. Als sei Europa eben im Meer versunken. Abudas Herz schlug den Hals herauf bis in den Mund. Sein Vater, mit dem er fast jeden Tag Fußball spielte, hatte ihm zum Frühstück gesagt: „Nur wenn du bereit bist zu verlieren, kannst du gewinnen."

Eine Stunde später stand Abuda als nächster am Einlass. Ein hagerer Mann mit einem Farbeimer kleckste Abuda einen Tupfer gelbe Farbe auf die linke Hand.

Und sagte: „Du schießt zuerst einen Elfmeter. Danach trippelst du von der Mitte des Platzes in Richtung Tor und versuchst, ein Tor zu erzielen. Wenn eins nicht gelingt, bist du raus. Und darfst erst nächstes Jahr wiederkommen."

Abuda ging auf den Platz. Der Ball lag schon auf dem Elfmeterpunkt. Der Mann im Tor rauchte eine Zigarette. Er hörte auch nicht auf, als Abuda anlief. Als rechnete er mit einem schlechten Schuss. Abuda schoss. Der Bärtige drehte sich um und holte den Ball aus dem Tor. Er warf den Ball zurück zu Abuda und drückte seine Zigarette aus.

Abuda dribbelte nun mit dem Ball von der Mitte des Platzes in Richtung Tor. Leichtfüßig und schnell. Es war, als rolle der Ball von selbst mit. Als habe er einen eigenen Willen, ein eigenes Ziel. Nach etwa der Hälfte der Strecke kam der bärtige Mann aus dem Tor. Er versperrte Abuda den Weg. Seine Beine nahmen eine bedenkliche Größe an. Er wurde zu einem Riesen zwischen Abuda und diesem Tor. Abuda versuchte, den Ball links an dem Mann vorbei zu schlenzen. Der Mann erwischte den Ball noch mit der Spitze seines Fußes.

Der Ball sprang zurück auf Abuda. Doch Abuda behielt die Kontrolle über ihn. Er rannte in einem Bogen um seinen Gegner. Und schoss den Ball ins Tor.

Der Mann auf dem Stuhl klatschte einmal in seine Hände. Er zeigte auf einen weiteren Mann in einer Ecke des Fußballplatzes. Dieser sagte zu Abuda: „Du bist erst der Dritte, der es geschafft hat. Doch freue dich nicht zu früh."

Er gab Abuda einen Zettel.

„Heute Abend, 18 Uhr, kommst du wieder."

Er zeigte zu einem Aschplatz gegenüber.

Abuda rannte zu seiner Familie. Sie tanzten zusammen die Straße entlang und machten ein Picknick unter einem schattigen Baum. Der Vater klopfte Abuda ununterbrochen auf die Schulter. Als wolle er ihn kleiner machen. Und sagte immer wieder: „Ich wusste es, ich wusste es. Du bist ein großes Fußballtalent."

Die Mutter schaute besorgt drein. Glück kann auch sehr weh tun. Afrikas Sonne schaute nun etwas milder auf diese Welt.

Um 18 Uhr ging es weiter. Nur zehn Jungen hatten es geschafft, in die zweite Runde zu kommen. Die anderen waren enttäuscht nach Hause gegangen. Oder schauten sehnsüchtig durch den Zaun zu.

Der ältere dicke Mann, der vorhin auf einem Stuhl gesessen hatte, stand nun vor dem Halbkreis der zehn Jungen.

Er sagte: „Nur höchstens zwei von euch nehme ich mit. Vielleicht auch keinen. Aber höchstens zwei."

Er nannte ihnen ihre Aufgaben. Kopfball nach Ecke. Dribbeln durch eine Abwehr von zwei Gegnern. Fernschuss aus 20 Metern. Afrikas Sonne würde bald untergehen.

Wieder war Abuda dran. Die sieben Jungen vor ihm waren bereits gescheitert.

Auf dem Platz standen nun drei erwachsene Männer in Fußballmontur. Einer im Tor, zwei auf dem Feld. Einer schoss eine Ecke. Abuda sprang hoch und köpfte den Ball ins Tor. Der Torwart nickte. Als würde er Abuda ein wenig bewundern.

So ging es weiter. Abuda löste seine Aufgaben. Er traf immer. Er war ein Fußballtalent.

Der dicke Mann sagte zu Abuda. „Dich nehme ich mit. Dich auf jeden Fall.“

Er winkte Abudas Familie herbei. Er gab ihnen einen Vertrag und weitere Unterlagen.

„Unterschreiben. Die Details sind nicht verhandelbar.“

Er erzählte ihnen von Spielern, die wie Abuda angefangen hatten. Und nun in Europa in einem der großen Vereine spielten. Der Kopf von Abudas Vater platzte fast vor Stolz. Auch er war ein großes Fußballtalent gewesen. Bis zu einer Knievereiterung, die niemand in ganz Afrika hatte behandeln wollen.

Dann sagte der dicke Mann: „Übermorgen an der Bushaltestelle Nord. Mit Reisegepäck und unterschriebenem Vertrag. Dort holen wir Abuda ab. Er kann alle drei Monate nach Hause.“

Der dicke Mann schickte Abuda und seine Familie weg. Auch Afrikas Sonne verschwand nun am Horizont.

Sie gingen nach Hause. Sie feierten. Abudas Vater sagte: „Es geht nicht ums Geld. Es geht darum, dass du glücklich wirst. Und ich weiß, du wirst nur glücklich mit Fußball.“

Am nächsten Tag packten sie Abudas Sachen. Seine Mutter weinte. Abuda tröstete sie. In Afrika kehrt jeder wieder zurück zu seiner Familie. Nur die Sklaven, die übers Meer fuhren, kamen niemals zurück. Weil es ihnen so gut in der Ferne gefiel.

Am übernächsten Tag fuhr die ganze Familie zur Bushaltestelle. Auch die Großeltern waren dabei und zwei Onkel. Einer der Onkel sagte zu Abudas Vater: „Und wer sagt dir, dass das kein Pädophilen-Ring ist, der unsere Kinder in die Prostitution verschleppt?“

„Halt den Mund", sagte Abudas Vater.

Sie warteten. Jedes Mal, wenn ein größeres Auto oder ein Bus kam, schauten sie, ob der dicke Mann vom Fußballplatz ausstieg. Oder einer der anderen Männer, die dabei gewesen waren.

Sie aßen und tranken. Afrikas Sonne stand nun im Zenit. Busse kamen und fuhren wieder weg. Mit Kindern, die vielleicht auch Fußballer werden wollten. Mit stolzen Vätern und sich sorgenden Müttern.

„Der Pädophilen-Ring hat wohl schon genug Knaben", sagte Abudas Onkel zu Abudas Vater.

„Du bist ein Schwein", sagte Abudas Vater. „Geh!"

Abudas Onkel ging. Er nahm auch die Großeltern mit. Es war ihnen zu heiß in der Mittagshitze. Sie drückten Abuda herzlich und schlurften davon.

Sie warteten weiter. Aus Afrika stammt der moderne Mensch. Und wanderte in die Welt hinaus. Seitdem warten sie in Afrika von Neuem.

Ein großer schwarzer Mercedes kam. Mit solchen Autos, wusste Abuda, reisen die Europäer. Oder Einheimische mit europäischem Geld. Abuda rannte dem Wagen entgegen. Die Tür ging auf. Abuda trat zurück. Zwei Frauen stiegen aus. Als wollten sie zum Einkaufen gehen. Der Wagen fuhr weiter. Abuda trottete zurück zu seiner Familie.

Sein Vater nahm ihn in den Arm. „Es wird noch jemand kommen."

Es klang wie: „Afrika ist verloren."

Sie warteten weiter. Europäische Autos können auch im Dunkeln fahren. Doch auch in Abudas Seele begann es zu dunkeln.

Plötzlich kam ein kleiner Bus. Hinter den Scheiben erkannte Abuda einen der Jungen vom Fußballplatz. Und andere Jungen, in deren Gesichter Freude gemeißelt war.

Der dicke ältere Mann stieg aus.

Er sagte: „Es hat etwas gedauert. Wir mussten sieben Städte anfahren. Ich bitte um Verzeihung."

Abuda verabschiedete sich von seinen Eltern. Plötzlich schaute auch sein Vater sorgenvoll drein.

Er sagte: „In drei Monaten erzählst du mir von deinen Toren."

Abuda setzte sich in den Bus. In die in Stein gemeißelte Freude.

Der kleine Bus fuhr los. Abuda weinte. Und Tränen rannen in seinen Mund, so salzig wie das Meer auf dem Weg nach Europa.

DIE KÄSESUPPE

BRIGITTE GRUBER

Nebelwolken schieben sich den Berg hinauf und der Aufstieg wird immer gefährlicher. Ein leichter Schwindel überfällt mich, als mir von oben und unten nur noch eine weiße Wand entgegenkommt und meine Augen nur mühsam den Pfad erkennen. Doch stetig, wie ein Uhrwerk, setze ich einen Schritt vor den anderen. Ich muss nach oben. Ich muss es schaffen. Und endlich, ja endlich, erreiche ich unsere Hütte, stelle den Rucksack auf die Dielen und lausche nach oben. Außer dem Ticken der Küchenuhr ist deutlich Arturs Atmen zu hören, leicht rasselnd, aber gleichmäßig monoton. Er scheint zu schlafen. Gut, denke ich. Die Last der Eile und Unruhe, wenn ich im Tal bin, fällt augenblicklich von mir ab. Kurz, nur kurz sinke ich auf die Ofenbank, atme tief ein und aus. Ich schließe für Sekunden die Augen, versuche die Schmerzen in den Beinen zu ignorieren und sammle ein wenig Kraft. Doch ich will keine Zeit verlieren, stehe wieder auf, greife den Rucksack und gehe auf Zehenspitzen zur Küche, wasche mir flugs die Hände mit eiskaltem Wasser und sehe im kleinen Spiegel an der Wand meine roten Augen. Hastig blicke ich zur Seite. Zügig will ich das Essen bereiten. Arturs geliebte Käsesuppe. Dazu nehme ich den gusseisernen Topf, unseren letzten Besitz aus Krumau, tief im Osten. Während ich das Feuer im Herd schüre, krächzt draußen die Alpendohle, ich kenne sie, vermutlich sucht sie in unserer Zirbe Schutz vor dem nasskalten Nebel. Ihr seidig schwarzes Gefieder ist bemerkenswert schön, oft habe ich es bewundert, wenn sie nah an unsere Hütte herangekommen ist. Ich schließe die Augenlider, lasse den Kopf auf die Brust sinken, denke an diesen Vogel und wünsche ihm Glück. In den Ästen der Zirbe wird er jetzt ruhen, vielleicht bleibt er die ganze Nacht. Aus meinen Gedanken reißt mich Arturs gellender Schrei, ich eile hinaus in unseren winzigen Flur, die Dielen knarzen, ganz kurz verharre ich vor der ersten Stiege, konzentriere mich, auf der steilen Holztreppe zu stürzen wäre fatal. Artur schreit und wimmert abwechselnd. Ich eile hinauf und rufe: Alles ist gut. Ich komme eben. Ruhig, werde ruhig! Artur! Ich komme!

Was mich in der Dachkammer erwarten wird, kann ich nicht wissen. Mit jeder Stufe wächst die Angst, der Arzt hatte Recht, es wird von Tag zu Tag schlimmer. Bald wird er mich gar nicht mehr erkennen. Zu Beginn, es war ein Tag Ende Juni, hat Artur den Weg von den Bienenstöcken zurück zur Hütte nicht mehr gefunden, sodass ich voller Sorge erst warten und dann stundenlang suchen musste, bis ich ihn mit ausdruckslosem Gesicht auf einer Steinwiese über der Schlucht fand. Erleichtert und gleichzeitig bleischwer setzte ich mich zu ihm und griff nach seiner Hand. Lange blieben wir damals ahnungsvoll sitzen in einem blühenden Meer aus blauen Akeleien und zartgelbem Fingerhut. Artur selbst brach mehrere Blütenstiele des Fingerhuts, während ich meine Augen auf die Bergspitzen richtete und dem Zwitschern der Vögel lauschte. Artur selbst trug den Strauß behutsam wie einen verletzten Vogel zur Hütte und hängte die Stiele kopfüber wie eine Opfergabe über den Ofen. Jetzt schrillen die nächsten Schreie aus seinem Zimmer, panisch, angstvoll. Gleich, rufe ich, gleich bin ich bei dir! Ich stolpere auf der letzten Stufe. Gehe auf die Knie. Atme schnell. Endlich in seinem Zimmer sehe ich seine Augen geweitet vor Schrecken und stelle mich sogleich an sein Bett, wende mein Gesicht ganz nahe dem seinen zu, er erkennt mich. Hart greift er nach meinen Armen und beschwört mich, die Reisetasche zu packen. Schuhe, schreit er, vor allem Schuhe für dich und für mich! Gut, antworte ich und hole die alte braune Reisetasche aus der Ecke und halte sie in sein Blickfeld. Er erkennt sie und schnaubt, aber während ich packe, holt ihn der Schlaf zurück. Ganz sicher, denke ich, hat er von damals geträumt, als die Truppen alle Häuser in Krumau umstellten und uns mit Schüssen und Peitschen aus den Betten geprügelt und unverzüglich in Marsch gesetzt haben. Trotz all der vielen Jahre verlöscht genau diese Erinnerung nicht, strömt wie Lava durch sein Gehirn und flackert auf wie eine züngelnde Flamme. Warum nur, frage ich mich. Warum nur kennt das Gehirn keine Gnade. Meine Hände sind unruhig. Die Schuhe liegen in der Tasche, gut sichtbar, mitten im Zimmer. Inzwischen atmet er tief und gleichmäßig, seine knochigen Finger liegen ruhig auf der weißen Bettdecke. Auf Zehenspitzen schleiche ich hinaus. Doch schon am Treppenabsatz ruft er erneut. Einfach nur Hallo. Ganz leise. Sanft. Plötzlich lacht er. Auch ich lache, um nicht zu weinen und komme wieder zu ihm. Artur bittet um Wasser und während er mit winzigen Schlucken trinkt, erzähle ich, dass der Arzt für morgen in der Früh den Krankenwagen über den Forstweg zu uns in die Berghütte bestellt hat, um ihn ins Heim zu transportieren. Dass er trotz meiner flehenden Einwände keinen Aufschub mehr duldet und energisch den Einweisungsschein unterschrieben hat. Arturs Augen zeigen Trauer. Und mit leiser, aber klarer Stimme sagt er: Lass uns die Suppe essen. Eine Minute später schläft er wieder tief, seine Lungen heben sich unter knochigen Schultern.

Unten in der Küche reibe ich zuerst den Käse auf meiner scharfen Reibe, schäle die Zwiebel und hacke sie in feine Stücke. Während die Butter im alten Topf schäumt und die Zwiebelwürfel hellbraun dünsten, lichtet sich draußen der Nebel. Alles ist still. Artur schläft sehr tief, sein Körper hat den Rhythmus von Tag und Nacht vergessen. Es wird keine gute Nacht werden für mich, wieder blähen sich die Zeit und die Stille auf wie ein Ballon und schweben durch unsere Räume. Niemals wecke ich Artur, denn der gusseiserne Topf hält unsere Speisen über Stunden warm. Alles nehme ich hin, auch das Essen mitten in der Nacht, jeden Rest unseres Lebens, alles einfach, was übrig ist.

Ich streue jetzt Mehl über die hellbraunen Zwiebeln, rühre mit dem Holzlöffel und gieße den Wein dazu. Schon jetzt strömt ein köstlicher Duft aus dem Topf. Als alles leise köchelt, gieße ich Gemüsefond und Milch hinein und ziehe den schweren Topf ein wenig zur Seite, um die Temperatur zu drosseln, anbrennen darf nichts. Langsam und mit Tränen in den Augen rühre ich den Käse ein. Er schmilzt. Die Dose mit dem getrockneten Fingerhut steht bereit. Ich sitze am Küchenfenster, die Ellbogen am Sims und schaue hinaus. Nach Mitternacht wird über den Berggipfeln der Himmel ganz klar, ich sehe ein Meer von funkelnden Sternen. Jetzt schmerzt die Müdigkeit hinter meiner Stirn und ich trenne mich mühsam vom Stuhl, lege die Hand auf den Topfdeckel vor mir und spüre die Wärme. Im gleichen Moment schreit Artur gellend aus seiner Kammer. Schnell fülle ich seine Schüssel mit Suppe, öffne die Dose und rieche den Duft der Steinwiese im Juni, greife nach einem Löffel.

Ich komme, rufe ich bei jedem Schritt, meine Worte sollen ihn beruhigen, doch nichts scheint ihn mehr zu beruhigen. Er schreit, als sollten alle Schrecken durch den Mund aus seinem Körper entweichen. Alles ist gut. Ich setze mich zu ihm. Und tatsächlich fällt die Angst von ihm ab, als er mich sieht, und er ist bereit für die wenigen Löffel lauwarmer Suppe, die sanft seine gespitzten Lippen erreichen. Er schluckt zügig, mit klaren Augen, bis er den Kopf zur Seite dreht. Den Rest esse ich, während er meinem Schlucken zuhört. Noch ist es tiefe Nacht. Im Fenster sehe ich die Sterne im schwarzen Himmel. In wenigen Stunden wird der Krankentransport hier sein, die bangen

Gedanken an dessen Ankunft fluten meinen Körper wie Eis. Gut, denke ich. Die Zeit wird knapp. Ich lege die Schallplatte auf und Sekunden später beginnt Smetanas Moldau, unseren Raum und unsere Herzen zu füllen. Ich lege mich ganz nah zu Artur und umfasse seine rechte Hand. Er wendet langsam den Kopf in meine Richtung und das Leuchten in seinen Augen gibt mir zu erkennen, dass er bereit ist für die Symphonie. Wir hören die Flöten und Klarinetten. Über die Klänge durchwandern wir Wälder und Fluren unserer Heimat, erleben die Jagd mit den Hörnern in rastlosen, schnellen Wellen und hören fröhlich die Polka, als wäre es unser eigenes Fest. Wir beide in schönem Festkleid und mit glücklichen Herzen. Wir sehen den Tanz der Nymphen im nächtlichen Mondschein, hören die Posaunen. Unser Boot jagt in Gedanken mit der Strömung der Moldau vorbei an stolzen Burgen und Schlössern, perlendes Wasser erfrischt unsere Haut, bis wir die Stromschnellen erreichen und unter donnernden Tönen unser Glück ertrinkt. Entwurzelt und gejagt aus den eigenen Wänden hinaus zu einem Fußmarsch bis zur Erschöpfung nach Irgendwo. Während die Piccoloflöte angstvoll schreit, werden wir wie Strandgut ins Nichts geworfen. Mutlos. Aber die Wege steigen auf und während allem strömt die Moldau breit dahin, wird leiser und erreicht die Elbe. Smetanas Klänge verstummen mit den Schlussakkorden.

Jetzt blähen sich die Zeit und die Stille wieder auf wie ein Ballon und schweben durch unsere kleine Dachkammer. Mit leichtem Schwindel ahne ich das Morgengrauen und sehe die Umrisse der Zirbe vor der Hütte. Genau wie sie haben Artur und ich hier trotz steinigen Grundes Wurzeln geschlagen. Plötzlich sinkt Arturs Kopf zur Seite. Der pelzige Nachgeschmack der Suppe ist das Letzte, was ich wahrnehme, bevor auch mein Kopf zur Seite sinkt. Wenig später, im ersten Licht der Morgensonne, fliegt die Alpendohle davon.

DAS REH

KARIN LEROCH

Von Richards Begräbnis bekam Agnes nicht viel mit, sie fühlte sich wie hinter einer Wand, getrennt von ihrer Familie.

Sie nahm die Kondolenzwünsche der Trauergäste entgegen. Richard war beliebt gewesen. Seine Kollegen und Untergebenen aus dem Industrieanlagen-Unternehmen, dessen Geschäftsführer er bis vor eineinhalb Jahren gewesen war. Seine Jagdfreunde. Alle waren gekommen. Auch die Redakteurin der Jagdzeitschrift, für die er bis zu seinem Tod Artikel geschrieben hatte.

Agnes bekam Komplimente für ihr Aussehen. Ihr war klar, dass sie jünger wirkte als 77, mit ihrem silberblonden lockigschrägen Kurzhaarschnitt und der zierlichen Figur im taillierten Mantel. Aber ihr Mann war tot, was kümmerte sie die Bewunderung? Sie hatten sich immer ergänzt, er der massige Bär, sie das schlanke Reh.

Nach dem Begräbnis wollte sie nach Hause.

Ihr Sohn Stefan brachte sie bis vor die Haustür. „Ich rufe dich morgen an."

„Das ist nicht nötig. Ich komme zurecht."

„Überleg dir, was Charlotte gesagt hat. Wir hätten ein Zimmer für dich. Es wäre kein Problem …"

„Danke, aber ich kann mir nicht vorstellen, aus Richards und meinem Haus auszuziehen."

Sie saß allein am Wohnzimmertisch, ein Schinkenbrot lag auf dem Teller. Das Haus war still und leer. Es war

Publikumspreis: 3. Platz

genaugenommen eine Villa aus der vorletzten Jahrhundertwende: Weite, hohe Räume, zwei Stockwerke. Ihr fielen die Feste ein, die sie im Salon nebenan gefeiert hatten. Fünfzig Gäste, ihre Schwester Tilda am Klavier, und sie, Agnes, mit Richard Slowfox tanzend. Das letzte Fest lag zwanzig Jahre zurück, aber sie hörte immer noch die Musik, sein einnehmendes Lachen, spürte seine Hand an ihrer Taille.

Einmal gab es diesen Verdacht, dass Richard ein Verhältnis hätte. Sie hatte einen Seidenschal in seiner Aktentasche gefunden. Dazu kamen Gerüchte aus seinem Büro, seine Sekretärin flüsterte ihr bei einer Weihnachtsfeier zu, dass er immer an Donnerstagen zu einem privaten Treffen verschwand.

Agnes hatte ihn dazu befragt und ihn daran erinnert, dass sie an einem Gymnasium unterrichtete, in dem Gerüchte jeder Art besonders schnell aufgegriffen, gnadenlos analysiert und zum Thema des Tages gemacht wurden. Er hatte glaubhaft und nachvollziehbar versichert, dass er sie liebte und sie keinen Grund zur Eifersucht hätte. Das Ganze wurde nicht mehr erwähnt.

Am Abend saß sie lesend im Bett. Der Schrank in der Ecke ächzte, sie erschrak. Der Schatten des sechsarmigen Lüsters bewegte sich leicht. Sie blätterte eine Seite um. Der Parkettboden knarrte hinter ihr. Dann noch einmal, diesmal näher. Ihr fiel auf, dass sich der Vorhang bewegte. Ein Luftzug, der durchs Haus weht, dachte sie, ich muss das Fenster schließen. Die Tür zum Vorzimmer knackte und öffnete sich von selbst einen Spalt breit. Sie würde die Schlösser ölen lassen. Im Vorzimmer tappte etwas über den alten Fichtenholzboden.

Irritiert warf sie ihr Buch auf den Tisch und stand auf, um nachzusehen.

Das Tappen im Vorzimmer wiederholte sich, erst ganz nahe, dann weiter entfernt, und unwillkürlich folgten ihre Augen dem Geräusch. Es gab seit Jahren ein loses Brett, das sie immer hatten befestigen wollen. Sie sah, wie es sich leicht anhob und wieder zurückfiel.

„Richard?“ Ihre Hand fuhr sofort an ihren Mund. „Ich werde langsam verrückt“, dachte sie.

Eine Wendeltreppe aus Eichenholz führte in den oberen Stock. Fenster zum Garten sorgten für Licht in dem runden engen Treppenhaus. Agnes hielt sich seit Jahren nur im unteren Stockwerk auf. Oben war Richards Büro und sein Umkleideraum mit Garderobe. Mariola kam einmal pro Woche und putzte beide Stockwerke. Es gab keinen Grund für Agnes, nach oben zu gehen.

Jetzt knarrte eine der oberen Stufen. Agnes wusste, dass es nur ihre eigene Sehnsucht war, die sie glauben ließ, es sei Richard, der sie die Treppe hinauflockte. Ihre Knie schmerzten, als sie sich am Geländer festhielt, die Stufen nach oben stieg und die Tür zu Richards Büro öffnete. Staubpünktchen flimmerten im Deckenlicht, das sie anknipste. Sein Schreibtisch, genau wie er ihn verlassen hatte. Ein durchgesessenes Sofa. Eine Vitrine mit Likörgläsern, die Hausbar. Geweihe von Rehböcken an der Wand. Gerahmte Fotografien von Richard, dunkelbraune Augen, befehlsgewohnter Blick. Die hölzerne Schiebetür zu seinem begehbaren Kleiderschrank, der seine unzähligen Anzüge enthielt. Die Tür stand offen. Untypisch für Mariola, die sie immer schloss, damit die Kleidung keinen Staub fing. Untypisch auch, dass Licht im Schrankraum brannte.

Agnes trat in den kleinen Raum. Messingstangen, dicht mit Kleiderbügeln behangen. Die Mäntel erinnerten Agnes an Richards imposante Gestalt. Sie berührte eine Anzugjacke, die nach ihm roch, mit ihrer Wange und fühlte Traurigkeit und Zorn, weil er nicht mehr da war. Sie steckte ihre Hand in einen Handschuh und strich damit über ihr Gesicht.

Am hinteren Ende des Raumes gab es eine schmale Tapetentür, die in eine winzige Kammer führte. Sie war zur Zeit von Richards Großeltern, diese hatten das Haus 1890 gekauft, als Damenumkleideraum benutzt worden. Wehmütig dachte sie, dass es genug der Erinnerungen war, knipste das Licht aus und hielt inne. Unter der Tapetentür drang Licht hervor.

Ein Rascheln dahinter. Ein Klopfen, ein Scharren.

„Richard?" Ihr Herz trommelte, sie hielt den Atem an und öffnete.

Die Kammer enthielt einen kleinen Schminktisch, auf dem ein großer Spiegel befestigt war. Davor ein Hocker. Die Tischfläche voll mit Tiegeln, Quasten und Tuben von Make-up. Ein Garderobenständer, auf dem ein rotes Kleid mit weitem Rock und ein enges Damenkostüm hingen. Ein leichter Duft von blumigem Parfum.

Sie nahm einen dunkelroten Lippenstift in die Hand. Das waren keine von ihren Sachen. Also doch! Ihr Hals fühlte sich eng an. Er hatte eine Frau hierher gebracht. Wann? Als sie bei Stefan und dem Enkel gewesen war? Sonst war Richard nie allein im Haus gewesen. Offenbar hatte er sich mit ihr hier im oberen Stock aufgehalten. Wie rücksichtsvoll, dachte sie bitter. Wo hatten sie …? Womöglich auf dem Sofa? Sie rang nach Luft. Ihre Augen waren blind für die Umgebung, weil sie nur ihre inneren Bilder betrachtete: Richard mit irgendeiner … Sie fühlte, wie ihre Beine schwach wurden und setzte sich auf den Hocker.

Ein Flackern der Glühbirne, das der Spiegel reflektierte, lenkte ihren Blick auf das Foto, das im Spiegelrahmen steckte. Agnes sah eine Frau mit blonden kurzen Locken, ähnlich ihren eigenen, die das rote Kleid mit dem weiten Rock vom Garderobenständer trug. Die Frau war groß und kräftig, der Blick der dunklen Augen unter der Frisur hervor auffordernd, auf erotische Weise provokant. Agnes wollte wegsehen, diese Frau interessierte sie nicht im Geringsten. Im gleichen Moment fiel ihr der Brief auf, der hinter dem Foto steckte. Ein weißes Kuvert.

Ihre Finger klebten schweißfeucht an dem Bogen Papier, als sie ihn entfaltete.

„Ja, mein Reh. Jetzt kennst du es. Mein zweites Ich." Sie stockte. Begriff nicht. Las weiter. „Ich wäre so gern manchmal selbst das Reh gewesen. Und du solltest der Bär sein. Ein einziges Mal nur." Sie blickte noch einmal auf das Foto. Das großflächige Gesicht. Die dunkelbraunen Augen! Agnes fiel der Brief aus der Hand. Ihr wurde schlecht, sie presste eine Hand auf den Mund. Langsam stand sie auf und ging ein paar Schritte rückwärts, weg von dem Hocker. Sie stieß ein Geräusch wie ein wütendes Miauen aus, und eine Minute lang bewegte sie sich nicht.

Dann setzte sie sich wieder und wie unter Zwang las sie den Brief weiter:

„Du hättest es nicht verstanden. Obwohl ich dir kleine Hinweise gegeben habe. Der Damenschal in meiner Tasche? Die Einflüsterung meiner Sekretärin, dass ich die Donnerstage fort bin? Aber du hast nie wirklich nachgefragt."

Agnes' Kopf war leer, ihr Mund halb offen. Sie las weiter:

„Die Donnerstage habe ich mit einem lieben Freund verbracht, Alfie. Unten steht seine Telefonnummer. Vielleicht möchtest du ihn kennenlernen. Er weiß viel von dir …"

Sie warf den Brief zu Boden und trat fest mit dem Fuß darauf. Zorn. Ekel. Und eine Mischung anderer Gefühle. Erinnerungen überschwemmten sie, die Hochzeit, der Sex mit Richard, die Geburt von Stefan. Ihr wurde noch schlechter.

Sie würde zu Stefan und Charlotte ziehen. In diesem Haus würde sie nicht bleiben.

Der Brief ging jedoch noch weiter: „Glaube ja nicht, ich hätte dich nicht geliebt, denn das stimmt nicht. Obwohl du nur eine bestimmte Seite von mir sehen wolltest. Obwohl du nie wirklich in mich hineingeblickt hast. Ich verstehe, dass du das nicht konntest. Du warst meine Frau, dabei wäre ich so gerne – eine Nacht lang – deine Frau gewesen … In Liebe. Richard."

Sie hob den Brief auf, zerknüllte ihn, pfefferte ihn gegen den Spiegel, schaltete das Licht aus, schloss die Tapetentür, lief treppab, ohne an ihre Knie zu denken, und rief Stefan an.

Charlotte richtete das Gästezimmer für Agnes her. Die Wohnung hatte dünne Wände. Nachts hörte sie gedämpfte Computerspieltöne, die ihr Enkel Gerald im Zimmer nebenan verursachte.

Tagsüber saß sie im Schaukelstuhl und sah aus dem Fenster. Einige Wochen verbrachte sie so und versuchte, nicht zu denken.

Sie beobachtete Stefan argwöhnisch, suchte nach einer Ähnlichkeit mit dem Richard im roten Kleid, fand aber keine. Er war ein überarbeiteter IT-Experte und, was seinen Vater betraf, völlig ahnungslos.

Sie saßen beim Abendessen. Gerald hielt sein Mobiltelefon in der Hand und tippte mit dem Daumen darauf ein, während er mit der anderen Hand Suppe löffelte. Charlotte schöpfte Agnes zum zweiten Mal den Teller voll. Stefan wirkte müde und schielte nach dem Fernseher.

Agnes sehnte sich plötzlich nach ihrem Haus mit den alten Möbeln und den knarrenden Geräuschen der Holzböden. Sie legte ihren Löffel hin. „Ich möchte nach Hause."

Wieder in ihrer Villa, ging sie durch alle Räume, berührte jedes Möbelstück und sog den Geruch nach Holzpolitur und Vertrautheit ein. Im Wohnzimmer auf dem Sofa sitzend blätterte sie ihre Fotoalben durch. Die Bilder erinnerten sie an die Weichheit von Richards Lippen, wenn er lächelte. Zum ersten Mal sah sie die versteckte Traurigkeit in seinem Blick, wenn er nicht direkt in die Kamera schaute.

Wochen vergingen. Die meiste Zeit verbrachte sie im Garten, jätete Unkraut, schnitt die Rosen zurück und pflanzte einen neuen Himbeerstrauch. Sie spürte, wie sich in ihrem Inneren die Stränge ihres Lebens neu flochten, wobei der Zopf der gleiche blieb.

An einem Nachmittag stieg sie die Treppe hinauf. Sie nahm eine seiner Anzugjacken aus dem Schrank, schlüpfte hinein, krempelte die langen Ärmel hoch und band eine seiner Krawatten um ihren Hals. Sie betrachtete sich im Spiegel und begegnete Richards Blick auf dem Foto.

Abends wählte sie auf dem Festnetztelefon die Nummer, die in Richards Brief stand, ohne zu wissen, was sie sagen wollte.

„Agnes? Sind Sie das?“ Eine Männerstimme, Bariton.

Sie schwieg.

„Richard fehlt mir“, sagte Alfie.

Fast eine Minute verging, bevor sie antwortete: „Mir fehlt er auch.“

VON LÖWEN, HUNDEN UND CREOLEN

HELENA KÖSTER

Sonntagmorgens ist die Hauptstraße ruhig. Vereinzelt fährt ein Auto vorüber, auf den Straßen liegt noch der Abfall der vergangenen Nacht. Scherben zerbrochener Flaschen, Zigarettenstummel, Verpackungen von Fast Food. An der Ecke einer kleinen, kreuzenden Seitenstraße steht ein altes Mehrfamilienhaus. Die Fassade ist heruntergekommen und bröckelig, doch der vergangene Glanz scheint an wenigen Stellen noch durch den Schmutz. Ein Löwenkopf prangt über der Haustür, seine Mähe ist vor langer Zeit zur Hälfte abgebrochen. Zwei kleine Säulen flankieren die schwere, dunkle Holztür. Langsam öffnet sie sich, eine Frau erscheint und hält die Tür mit dem Fuß auf, während sie mit den Händen an etwas außerhalb des Sichtfelds herumnestelt. Sie beugt sich herunter und scheint ein Seil an etwas am Boden zu befestigen. Dann tritt sie gänzlich aus der Tür heraus, die fällt krachend hinter ihr ins Schloss. Eine Taube, die auf dem Löwenkopf geschlafen hat, schreckt auf und fliegt davon. Die Frau trägt dunkelgrüne Leggins, darüber einen schwarzen Schlauchrock, der bis knapp über die Knie reicht. Ein gestreiftes, weites Sweatshirt, die bloßen Füße stecken in gelben Birkenstock-Sandalen. Ihre dunklen lockigen Haare hat sie mit einer Klammer hochgesteckt, einige Strähnen lösen sich aus dem Knoten und fallen auf ihren Rücken. Von den Ohren baumeln silberne Creolen, so groß, dass sie sich auf ihren Schultern ausruhen müssen. In der Hand hält die Frau eine kurze Hundeleine, und als sie die Straße entlangläuft, flattert die Leine im Wind, sodass sie hinter ihr herweht, das Halsband dröselt sich rund auf und schwebt geisterhaft in der Luft. Sie geht noch ein Stück die stille Hauptstraße entlang, dann biegt sie ab in eine Seitenstraße, die zu einem nahegelegenen großen Park führt. Die Frau steigt eine kleine Anhöhe hinauf. Im Park geht der Wind stärker und die Leine zappelt hinter ihr wie ein aufgeregter Hund, der es nicht erwarten kann, losgemacht zu werden und über den Rasen rennen zu dürfen. Auf der Anhöhe trifft sie auf einen Mann, er sitzt auf einer Bank und blickt über die Wiese, auf der ein großer schwarzer Hund hin und her flitzt. Die Frau begrüßt ihn und setzt sich neben ihn. Sie beugt sich herunter zum Halsband der Hundeleine und öffnet es. „Los", ruft sie und lässt ihren Blick von ihren Füßen über die Anhöhe zu der Wiese streifen, wo immer noch der schwarze Hund umhertollt. Der Wind wird stärker, rauscht in den Ohren. Der Mann und die Frau unterhalten sich auf der Bank. Irgendwann ruft er, „Joscha, hiiiiier", und der schwarze Hund kommt über die Wiese auf ihn zu gerannt. Der Mann legt Joscha eine Leine an, verabschiedet sich von der Frau und verschwindet über die Anhöhe. Nach einer Weile ruft auch die Frau etwas über die Wiese, wartet kurz und sieht wieder zu ihren Füßen hinunter. Sie nimmt die Hundeleine, schließt das Halsband, steht auf und geht, die Leine hinter sich herziehend, in dieselbe Richtung, in die der Mann verschwunden ist.

Dieses Geschehen lässt sich an jedem Tag der Woche zwei Mal beobachten. Eine Frau verlässt das heruntergekommene Mehrfamilienhaus, eine Leine flattert im Wind hinter ihr her. Wenn kein Wind weht, hängt sie schlaff herunter und schleift über den Boden. An Wochentagen und nachmittags begegnet die Frau vielen Menschen auf der Hauptstraße, einige bemerken die Hundeleine, doch die meisten gehen einfach an ihr vorbei. Im Park trifft die Frau morgens immer auf den Mann mit dem schwarzen Hund und sie unterhalten sich eine Weile auf der Bank. Nachmittags sind unterschiedliche Hundebesitzer auf der Anhöhe anzutreffen, die meisten scheinen die Frau zu kennen, sie grüßen sich, wechseln ein paar Worte und die Frau streichelt den Hunden über den Kopf. Die wenigen, die die Frau nicht zu kennen scheinen, nicken ihr im Vorbeigehen nur zu und blicken ihr noch lange nach, wie sie mit der Hundeleine hinter sich die Anhöhe wieder hinuntergeht. An manchen Tagen hat die Frau einen Ball dabei, den sie auf die Wiese wirft und bevor sie geht, wieder einsammelt. An einem Nachmittag trifft die Frau auf eine Hundebesitzerin, die sie zu kennen scheint. Sie bleiben beide stehen und unterhalten sich, während der kleine Hund der Hundebesitzerin neben ihnen sitzen bleibt. Ein Windstoß erfasst die Leine der Frau und sie flattert an den Beinen der Hundebesitzerin hoch. „Willi, aus!“, ruft die Frau bestimmt und zieht ruckartig an der Hundeleine, die, leicht wie sie ist, widerstandslos an die Seite der Frau zurückkehrt. „Bitte entschuldige“, sagt die Frau zur Hundebesitzerin, „in letzter Zeit ist er etwas aufsässig.“

Eines Mittwochmittags öffnet sich die Haustür des alten Mehrfamilienhauses zu einer ungewöhnlichen Uhrzeit. Die Frau mit den großen Creolen tritt heraus, doch sie zieht keine Hundeleine hinter sich her. Stattdessen scheint sie etwas Kleines auf dem Arm zu tragen. Bei genauem Hinsehen lässt sich erkennen, dass es die Hundeleine ist, die sie sanft mit ihrem Armen umschließt. Ihre Augen sind gerötet und schnellen Schrittes geht sie die Hauptstraße entlang, in die entgegengesetzte Richtung als üblich. An einer großen Kreuzung biegt sie links ab, steigt in eine Straßenbahn und nimmt am Fenster Platz. Im Schoß streichelt sie liebevoll die Hundeleine. Kurz darauf verschwindet die Bahn in einem unterirdischen

Tunnel und taucht fünfzehn Minuten später an einer anderen Stelle der Stadt wieder auf. Die Frau mit den Creolen steigt aus, biegt zügigen Schrittes in die nächste Seitenstraße und bleibt vor der Nummer 73 stehen. Nachdem sie ein Klingelschild gedrückt hat, summt es sofort, die Frau stößt die Tür auf und verschwindet dahinter. Bei dem Haus handelt es sich um einen Neubau mit hohen Fenstern. Über dem Eingang hängt ein rotes Schild mit einem großen weißen „V" darauf und einer schwarzen Schlange, die sich um einen dünnen weißen Stab windet. Im ersten Stock lässt sich durch das Fenster erkennen, wie die Frau mit den Creolen ein Praxiszimmer betritt und sachte die Hundeleine auf einem Behandlungstisch in der Mitte des Raumes ablegt. Hinter ihr betritt ein Mann in einem weißen Kittel das Zimmer und schließt die Tür. Er stellt sich auf die andere Seite des Behandlungstischs und die beiden unterhalten sich über die Hundeleine hinweg. Dann beugt sich der Mann über den Tisch und beginnt, die Hundeleine sanft an einigen Stellen hochzuheben. Er legt sie ordentlich vor sich hin und tastet erst die Leine, dann das Halsband mit den Fingern ab. Danach macht er mit den Fingern der einen Hand kleine Spann-Bewegungen in der Luft, während er mit der anderen Hand das Halsband festhält. Er schaut auf zu der Frau, sagt etwas. Sie nickt und er dreht sich zur Arbeitsanrichte hinter ihm um. Mit einem elektrischen Rasierer, einem Schlauch und einer Spritze kehrt er zurück. Mit geübten Bewegungen wedelt er mit dem Rasierer in der Luft über der Leine herum, knotet eine Schlaufe mit dem Schlauch, legt ihn auf der Leine ab und nimmt die Spritze zu Hand. Die Frau streicht sanft über das Halsband. Dann sticht der Mann im Kittel über der Leine in die Luft und zieht die Spritze auf. Er knotet den Schlauch auf, legt die Spritze sorgfältig auf einem Tablett ab und streicht über die Hundeleine. Er nickt der Frau zu, sie sagt etwas, nimmt die Leine wieder auf den Arm und verlässt das Zimmer. Eine

Weile bleibt der Mann unschlüssig neben dem Behandlungstisch stehen, schaut vom Tisch zur Anrichte, auf der die leere Spritze liegt. Es verstreichen einige Sekunden, vielleicht eine halbe Minute, dann atmet der Mann tief ein, wendet sich um und verlässt ebenfalls das Behandlungszimmer.

Es vergehen einige Tage, dann Wochen, in denen die Frau mit den großen Creolen nicht mehr auftaucht. Der Löwenkopf prangt mit halber Mähne über der Tür, hin und wieder lässt sich eine Taube auf ihm nieder, und er wartet darauf, dass sich die Tür unter ihm öffnet und eine Frau erscheint, eine Hundeleine hinter sich herziehend. Er könnte ihr nachsehen, wie sie die Hauptstraße entlangliefe und sich daran erfreuen, wie die Leine hinter ihr im Wind hüpft. Er würde die Passanten beobachten, die sich neugierig zu ihr umdrehen und er würde sich fragen, ob wohl jemals einer die Frau mit den Creolen ansprechen würde. Sie würde um die Ecke biegen und aus dem Sichtfeld des Löwen verschwinden, doch er wüsste, dass sie eine Stunde später wieder auftauchen würde, an der Ecke, um die sie fortgegangen war.

DIE MÄNNER DES DORFES Z.

ANA GRILC

Der Ältestenrat der Männer von Z. hat beschlossen, den seligen Herrn Dr. Jörg heiligzusprechen.

Die Nachricht kehrte ein und der Bürgermeister rieb sich die Hände „Ah, Ah!"

Das Dorf Z. war nämlich gerade die passende Krippe für diese heilige Tat. Von drei Kirchen umflankt, gebar es nur kernige Bauern, stahlzähnige Wirte, Ärzte, ausgebildet von der Wiener Hochburg der Tiermedizin, gärende Fabrikarbeiter und Jäger, denen aus lauter Berufung Tannenzweige aus dem Zahnfleisch wuchsen. Hier entsprangen die Menschen noch der Erde und der Friedhof trug fünf Namen. (Wobei man den fünften noch quer beäugte. Wen deren Urgoßmutter epa do g'heiratet hot.) Hier hatte man noch Sinn für das Wahre, für Werte, für das Geld und die Freiheit, für all jenes, das im Heiligen in spe, dem Herrn Dr., dem Vater Jörg, in angenehm athletisierter Weise zusammenfloss.

Das Dorf Z. ist ein Dorf der Männer. Ein echtes, erdiges, ausspuckendes, stiefeltragendes, stallbauendes, mostpressendes Männerdorf. Leben tun hier nur Männer, arbeiten nur Männer, pudern nur Männer. Alle diese Männer haben Frauen – die Ihrigen.

„Die Meine hat Schweinsbraten gemacht."

„Die Meine hat sich mir wieder in die Ohren gelegt, die faule Olte."

„Die Meine kann das Geschirr nicht so polieren, wie ich ihr die Fresse polieren kann".

Wo die Frauen sind, ist ein Geheimnis, das die Frauen hüten. Wohl sind sie manchmal in den Häusern für die Putz-Futter-Blutlinien-Arbeit, die keine Arbeit ist, sondern Privileg und Muße, und das ist mein Geld, mein Haus, meine Krensauce, du Hur. Aber sonst, nun ja, man munkelt, es gäbe da ein Netz von Tunneln unter den weißgetünchten, Häuptelsalatkopfhäusern, durch das die Frauen verschwinden, wenn ihre Männer, die nicht die Ihrigen sind, sondern nur sich und sich allein gehören, in das Wachkoma aus Laško (Laschko) und ZIB 24 fallen. Wie Maulwürfe hinterlassen sie nur den Schlund des Heimes auf der Oberfläche. Wohin diese Frauen wohl gehen? Wo wohl dieses nächtliche andere, das Negativ, das Matriarchinnendorf, das Dorf A. zum Dorf Z. oder das Dorf Ž. zum Dorf Z., wenn man politisch sein will, wo es wohl ist? Doch politisch kann es dort nicht sein, denn Politik ist Männerdomäne und wäre es ein Dorf Ž., dann wäre es Sodom oder Gomorrha, dann wäre es eine bolschewistische Kampfemanzen-Hurenstätte, denn wenn es keine ihrigen Frauen sind, dann sind es keine Frauen, denn Frauen müssen zu jemandem gehören, müssen jemandem gehören, an ihnen muss ein Mund hängen, der sich über Brust und Hände und Gesicht stülpt, immer weiter, bis er alles zerbeißt und verdaut und nur noch ein paar Beine und der Unterteil übrigbleiben, und ach, was für Wadeln die doch hat.

Doch letztlich ist das wurscht, denn das ist eine Männergeschichte.

Es wird also zum Subjekt zurückgekehrt, als die Geschichte noch gut war, als man noch zum Schwiegervota ins Büro ging und mit einer Arbeitsstelle und einem Hausschlüssel hinaus, und als die Autobahnen gebaut wurden, die Venen Österreichs, die das Blut durch den Landsmannskörper treiben sollten. Also: Zurück zu den Männern von Z. Es wird beschlossen, dass man das Dorf zu reinigen hat, bevor der Geist des angehenden Schutzpatrons den Haden zum Sprießen und die Kühe zum Kalben bringen würde.

„Katharsis“, nickt der Herr Pfarrer bedächtig, denn Ritual ist wichtig, Ritual birgt Gemeinschaft. Der Pfarrer spricht von Körper-Geist-Seele und der Bürgermeister schrickt aus seinem Dämmerlicht und meint, „Ja, ja“, und der Ältestenrat krakeelt, „Ja, ja!“, und es ist beschlossen. Drei Rituale, drei Tage, Dreifaltigkeit der kommunalen Reinigung.

Am Donnerstag, (denn sonntags gehört des christlichen Menschen Gesäß auf die Kirchenbank), beginnt es mit dem Körper. Der Körper muss angefüllt, aufgeschwemmt, ausgelaugt, ausgebeutet werden. Die gläsernen Frauen arbeiten unsichtbar drei Tage lang und legen eine solche Masse an Speis und Trank auf den Tisch, dass sich die Plattenbretter biegen, das Spitzentischtuch Berge wirft und die Saucen ineinanderfließen. Die Männer setzen sich feierlich auf die alten Holzbänke. Ihre Häupter sind gesenkt, ihre Münder voll Speichel. Der Wirt zieht langsam seine Zierflinte von der Wand und dann schießt er zwei Mal in die Decke, dass es das Holz nur so zerfetzt und die glänzenden Stirnen mit einem feinen Nieselstäubchen bedeckt. Kaum klingeln die Ohren, platzen die Trommelfälle, stürzen sich die Männerkörper auf die Teller, renken ihre Kiefer aus und lassen sie auf die Tischplatte fallen. Sie ziehen die Zähne über das Holz und sammeln wie Mähdrescher das Material im Munde. Sie jagen sich um den Tisch, eine eilige Prozession. Es verschwinden Schnitzel und Kalbhaxenscheiben, Rehrücken und Tafelspitz, Saftgulasch und Surbraten und hunderterlei Wurstarten in den dunklen Schlünden.

Als die Platte geleert ist, legen sie sich auf den Boden der Gaststube, Schulter an Schulter, Fuß an Fuß, ordentlich in Reihen, niemand aus dem Glied. Die Schritte des Wirtes sind gemessen, ihr Schall prallt marmorn von den mit Eishockeydevotionalien gespickten Wänden. Wie der Cowboy den Colt, zieht er die Sodadüse und schießt erneut. Der Wasserstrahl schlägt einen Haken und zerbricht in Loibach'schen Nebel. Die Tropfen erreichen die offenen Münder der Männer und das Wasser wird zu Bier. So ward am ersten Tag ein Wunder geschehen.

Die Männer wachen die ganze Nacht hindurch, in Kameradschaft verbunden. Am nächsten Tag erwachen sie als lebende Tote, streifen mit gespannten Mägen, Kerben unter den Augen, Dämmerung im Haupt durch die orange-gepflasterten Straßen. Denn auch in dieser Nacht waren die Frauen nicht träge – mit Zementmixern und Betonwalzen brannten sie die Wege zur Farbe eines mediterranen Sonnunterganges. Die Sohlen der Männer nehmen das überschüssige Pigment auf und gebrandmarkt treten sie auf den Schauplatz des zweiten Rituals. Alle Wege führen nach Rom und alle Gässchen in Rom führen ins Kolosseum. Dorthin, wo sich einst die Hunde und Herren zerfleischten. Das Kolosseum ja, im Dorfe Z. ist es das Volleyballfeld. Aber der Sand, der Sand ist importiert – aus Italien! Alpe-Adria-Verbindung! Also doch kein Sand, eine *sabbia*, so eine ganz feine. Wenn sich der Betonstaub mit ihr vermischt, dann bricht der Sommer durch die Wolkenkruste, denn er riecht Aperol-Spritz und Campari. „Madonna! Madonna!", rufen auch die Männer und schmieren ihre Leiber mit heimischem Sonnenblumenöl ein. Ihre Gesichter erglühen im Widerglanz des Saualpenschnees. Wie Kinder laufen sie im Kreise und schnalzen sich freudig jauchzend mit den Eichkatzlruten ins Fleisch, bis sich das ganze Restdorf auf den Tribunen gesammelt hat.

Der Bürgermeister tritt hervor und teilt die Männer in zwei Gruppen und plötzlich steht die ganze Welt zwischen ihnen. Der Hass züngelt an ihnen empor, gräbt sich tief in ihre Sportlerherzen. Einst Freunde, spüren sie nun die ganze Bosheit der anderen. Sie markieren ihr Revier auf der jeweils anderen Seite des Netzes. Das Publikum klatscht die Hände auf die Oberschenkel, stimmt einen langsamen Rhythmus an und bedächtig trägt der Bürgermeister das weiße Leder in die Mitte. Er wirft es in die Höhe und mit gewiefter Präzision schlägt der Ball donnernd zwischen die Spieler. Die Männer sind Tiere, sie werfen sich auf den Boden, spitzen die Ellbogen, graben Knie in weiche Mägen, beißen nach Fingern und kratzen nach Augen. Einer der Sportler windet seinen gesamten Körper um den Ball und rollt sich, gleich einem Gürteltier, bis zur Endzone. Kaum legt er seinen Panzer ab und entblößt das Ei, so beginnt das Spiel. Es ist eine Schau der Körper, die Muskeln spannen sich, die Fleischmägen rebellieren, die Knochen knuspern und aus allen, allen Poren drängt der Alkohol. Wie Raubkatzen springen sie dem Ball hinterher, prallen im Sprung aneinander, spucken Sand und Flüche in den Wind. Die Menge johlt, kreischt, brüllt – nach links, nach rechts, sigst du nix, du oaschloch, weita, weita, gemma, gemma! Die Zuschauer reißen an der Reling, bis das Holz zersplittert. Sie brechen aus der Tribüne aus und stürmen auf den Platz. Der Sand staubt in die Höhe, legt sich um die rasende Menge, welche die Spieler in sich aufnimmt und weiterträgt. Wie auf Salzwasser treiben die Männer durch die Straßen, auf den Händen und Schultern der tosenden Bacchanten.

Im Kirchturm schlägt der Ministrant die zwölfte Stunde, und die Männer beginnen den dritten Tag mit der Reinigung. Sanft geworden durch das Rauschen der Massen und die Erschöpfung des Körpers, betreten sie die Sauna. Ihre Häupter sind geneigt, der Geist offen. Sie schütten den Obstler über die Kohlen und die Flamme sticht empor. Ihr Farbenkleid wechselt von blau zu orange und dann besprengen sie das Feuer mit Drauwasser und der Raum füllt sich mit samtenem Dampf. Sie reichen den Schnaps von einem zum anderen, sind wieder Gefährten – die Handtücher wie griechische Kleider.

Sie garen stundenlang vor sich hin und üben ihren Willen. Als das Siegel der Türe zum Sonnenuntergang gebrochen wird, entsteigen sie dem Schwitzbade wie Dörrpflaumen, wiedergeborene Asketen. Man hüllt ihre Körper in haselnussbraune Baumwolle und entflammt die Konfirmationskerzen. Der Pfarrer und der Bürgermeister schreiten an der Spitze, es folgen die Männer und das Ende bildet der Schrot der Gemeinschaft. Das Dorf versammelt sich am Ufer des Tannenwäldchens, dort wo die Nadeln an ihre Sohlen branden. Die Mitglieder des Ältestenrates drängeln sich auf den Hochsitz. Die Menschen blicken zu ihnen empor und der Bürgermeister spricht: „Man bringe den Slawen“, und man bringt ihn. Sogleich bildet sich ein Korridor und umfangen von den Dorfkörpern stolpert der Mann in ihre Mitte. Der Bürgermeister spricht: „Man paniere den Slawen“. Und mit unvermuteter Agilität springen sogleich die Ältesten vom Baume und schlagen den Zellaner platt, wenden ihn in einer Regenpfützen, bestäuben ihn mit dem blutorangenen Spiagga-Sand und entflammen ihn. Der Chor der Jäger, Bauern, Wirte beginnt vollbusig zu singen: „Nmau čez Izaro“. Der Pfarrer – er spricht heilig, spricht *ihn* heilig, ruft ihn an, bittet ihn, bittet ihn doch zurückzukehren. Die Anwesenden heben ihre Hände gen Himmel und Siebenbrünner Tränen laufen ihnen über die Wangen. Sie umfangen sich, die Kameraden, die Brüder. Die Männer des Dorfes Z., sie weinen. Und als die letzte Träne kristallen in die Erde sickert, da durchbricht Licht die Wolken und schlägt gleißend auf der Drau auf. Und aus dem Wasser quillt ein Haupt, ein Hals, ein Körper folgt und dann steht die Gestalt da, breitet die Arme aus.

Doch.

Doch er ist …

Doch er ist es nicht. Es ist nur Maria, aus Bad St. Leonhard zu Besuch. Die Männer reißen ihre Kehlen auf und heulen vor Trauer, sie stampfen mit den Füßen, und wie sie gekommen ist, so versinkt die Erscheinung Marias wieder in der Drau.

„Glauben und Treue“, spricht der Pfarrer.

„Ah! Ah!“, spricht der Bürgermeister.

Und so ziehen die Jahre in das Land und der Buchweizen, er vergeht, und der Ältestenrat, er verwelkt, und die Frauen, sie leben ihr Maulwurfsleben, und die Kinder, sie ziehen davon, und trotzdem, trotzdem bleiben sie in der Tannenbaumbucht, am Ufer der Drau. Denn die Männer des Dorfes Z., sie warten.

TROTZ …

ANSELM EDER

… seines seit nunmehr mehr als 16 Jahren recht gut gehenden Maler- und Anstreicherbetriebes, trotz seiner seit mehr als 22 Jahren doch im Großen und Ganzen eher harmonisch verlaufenden Ehe mit seiner immer noch recht gut erhaltenen Gattin, trotz seiner beiden doch recht ansehnlichen und zur Zufriedenheit aller Beteiligten herangewachsenen Kinder, jetzt schon eigentlich Jugendlichen, bald schon jungen Erwachsenen mit im Großen und Ganzen befriedigenden Berufsaussichten, trotz seiner sexuell immer wieder nach neuen Erfahrungen begierigen und ihn solcherart in recht guter Form erhaltenden kaum mehr als 18 Jahre alten Freundin, von der niemand etwas wusste und auch nicht wissen durfte, trotz seines doch recht komfortablen Einfamilienhauses in guter Lage, trotz seines für sein Alter immer noch durchaus schnittigen Sportcoupes mit mehr als ausreichenden Fahrleistungen, trotz der zahlreichen Kreuzfahrten mit seiner Gattin und als Betriebsausflügen getarnten Wochenendausflügen mit seiner Freundin fühlte sich Julius Siegfried Wunzenklöber innerlich leer.

Und es lag nicht an seinem Namen. Seine Mitschüler früher laut und lachend, seine Angestellten heute leise und flüsternd, deklinierten alle denkbaren und auch viele undenkbare Varianten dieser Höchststrafe von einem Namen durch, der durch den Vornamen Julius, oder gar Siegfried, auch nicht erträglicher, sondern durchaus noch verschärft wurde. Aber das, wie gesagt, war es nicht. Es war diese innere Leere, von der man heutzutage so viel liest. Es war dieses unaussprechliche, unsagbare, unbegreifliche, unergründliche, unerträgliche, unbezwingbare, unbeherrschbare Verlangen nach diesem, diesem Einen, diesem Großen, diesem Einzigen, diesem Wirklichen, diesem – eben nach diesem, hinter dem es nichts mehr zu wünschen gab, weil es eben dieses Eine, eben Dieses, war.

Und dann kam Lisa. Lisa war – nun, wie man sagt, also eine klassische Schönheit, in dem Sinne, eigentlich eher doch nicht, aber sie war – ansehnlich, würde man sagen. Sie war die Art von Frau, die einen Raum betritt, und dann ist eine kurze Stille, und jeder schaut hin, und dann nimmt die Konversation irgendwie wieder Fahrt auf, aber zögernd. Und jeder registriert, wo Lisa sitzt, neben wem, wohin sie schaut, und mit „jeder" ist diesmal das weibliche Geschlecht nicht automatisch mitgemeint. Bei diesem geht es weniger darum, wen Lisa anschaut, und mehr darum, wer sie anschaut.

Lisa sprach eher wenig. Und in dieser Stille, die aus ihr quoll, da lag so viel Weisheit, so viel Lebenskunst, so viel Lebenslust, da lag es eben, eben dieses Eine, dieses Einzige, *dieses* eben, hinter dem es nichts mehr zu wünschen, nichts mehr zu erhoffen, nichts mehr zu suchen gibt, das selbst schon hinter der Erfüllung aller Wünsche – und er war nur noch, und alles in ihm war nur noch, Sehnsucht.

Wunzenklöber starrte sie an. Er wusste, das gehört sich nicht. Aber er hatte keine Macht mehr über seine Blicke. Lisa bemerkte sie, diese Blicke, wohl auch die Hilflosigkeit dahinter, und schaute ihm direkt ins Gesicht. Sie lächelte. Freundlich, ohne Spott, ohne Herablassung über seine männliche Schwachheit, einfach nur ganz gerade, und ganz tief, mitten in sein Herz hinein. Und Wunzenklöber bebte. Er öffnete den Mund, schloss ihn wieder. Und seine Worte verschwanden hinter einem Nebel aus Verwirrung und Begierde.

Ob sie vielleicht, eventuell, aber eh sicher will sie nicht, aber man fragt halt, sie wird eh – eh sicher – nein – sagen, muss auch gar nicht, aber nur weil halt, eventuell eben, vielleicht einmal, zu zweit, einen Kaffee, oder eh auch nicht, weil sie hat ja eh sicher, aber, oder, vielleicht, irgend einmal, oder – auch – jetzt gleich, eventuell, vielleicht –

„Ja", sagte sie.

Ob er vielleicht an der Bar einen holen, oder –

„Ja", sagte sie.

Also stolperte er hin an die Bar, kam zurück, mit zwei kleinen Braunen. „Ist – ist eh – eh – nur – ein Kaffee –"

„Danke", sagte sie.

Ob sie es bemerkte, wie er sie anstarrte, wie er schwitzte, wie er rot wurde? Natürlich, ganz sicher bemerkte sie es. Aber warum ließ sie sich nicht anmerken, wie sie es bemerkte? Warum war da kein spöttisches Lächeln in ihrem Gesicht? Wie – wie – konnte sie nur so gelassen bleiben, wo doch er –

Und da saß sie nun, trank in kleinen Schlucken ihren kleinen Braunen, schaute ihn aus ihren großen braunen Augen an, freundlich, ganz so, als ob das ganz selbstverständlich wäre. Wer war diese Frau, was wollte sie? Also: Was wollte sie von ihm? Wollte sie überhaupt irgendwas von ihm? Sollte er sie das fragen? Aber wie sollte er denn fragen, ob sie was von ihm wollte? Sowas kann man doch nicht fragen. Wer weiß, was sie sich dann von ihm dachte.

Ob sie mit ihm tanzen wollte. Fragte der großgewachsene Blonde, der jetzt plötzlich hinter ihr stand. „Ja", sagte sie, stand auf und ging davon mit dem großen Blonden, auf die Tanzfläche, und wiegte ihren göttinnengleichen Körper zum Rhythmus der kaum hörbaren Barmusik, eng, viel zu eng, an den Blonden geschmiegt. Wunzenklöber glühte. Warum nur, warum nur hatte *er* das nicht gefragt? Wäre das in Amerika passiert, dann hätte er ganz sicher den Blonden mit einem Faustschlag niedergestreckt. Aber es war nicht in Amerika, sondern in der einzigen Bar in diesem kleinen Bergdorf, und der Blonde schaute ziemlich kräftig aus.

Wunzenklöber saß an seinem kleinen Tischchen, und in ihm brodelte es. Und dann, irgendwann, der große Blonde hielt seinen Wonnetraum noch immer in den Armen, überkam es ihn plötzlich, wie so eine Erleuchtung. Wie im Traum, wie schlafwandelnd stand er auf, drängte sich durch die Tanzenden hin zu den beiden, ergriff Lisa an der Schulter und sagte zu ihr: „Es ist schon spät. Darf ich dich nach Hause begleiten?"

„Ja", sagte sie. Ließ den großen Blonden los und ergriff Wunzenklöbers Hand, ganz so wie ein kleines Kind die Hand seines Vaters ergreift.

Lisas Haus stand am Ende der Straße. Es war ein kleines Häuschen, aus Holz, mit alten schwarzen Schindeln gedeckt, an denen ihm ein eigenartiger Glanz auffiel. Wie selbstverständlich öffnete sie die Tür, ließ ihn eintreten und folgte ihm. Er musste sich tief bücken, um durch die niedrige Tür hineinzugelangen. Es war nur ein einziger Raum, ein kupferner Kerzenleuchter hing von der rissigen Decke herab, ein großes Doppelbett an der Stirnseite, neben dem sich ein kleines Ringelspiel drehte, das eine leise Melodie spielte. Es waren kleine Männchen, die sich da im Kreis drehten, jedes Männchen hatte einen Hammer in der Hand, und mit dem schlug es rhythmisch auf ein kleines Glöckchen, das vor ihm auf dem Drehteller des Ringelspiels befestigt war. Während Wunzenklöber das Spielzeug noch fasziniert betrachtete, hatte sie sich entkleidet und auf das große Doppelbett gelegt und schaute ihn jetzt interessiert an. Er bemerkte es, und ihm kam es so vor, als gäbe es jetzt nichts mehr zu sagen, zu fragen, nicht einmal zu denken. Auch er entkleidete sich und legte sich neben sie. Und dann geschah etwas, das noch nie vorher, das wahrscheinlich überhaupt noch nie mit irgendwem, das so – ihm versagten die Sinne, der Verstand, einfach alles; irgendwann erwachte er wieder. Die kleinen Männchen auf dem Ringelspiel waren irgendwie größer geworden, die Melodie lauter. Lisa schlief noch. Er zog sich an, Lisa seufzte im Halbschlaf. „Darf ich wiederkommen?“, flüsterte er. „Ja“, sagte sie, plötzlich hellwach, und es klang wieder so eigenartig selbstverständlich. Irgendwie machte ihn das stolz, und hoch erhobenen Hauptes schritt er durch die Tür, hinaus ins Freie. Ihm war vorher nicht aufgefallen, wie groß die Bäume rund um das Häuschen waren. Er wanderte durch die Straßen, und die ganze Welt, so schien es ihm, war irgendwie größer geworden. Er wollte nicht in seine Firma gehen, auch nicht nach Hause. Ruhelos streifte er durch die Gassen. Alles war irgendwie anders. Er dachte nur noch an Lisa, an diese Nacht mit ihr. Alles andere zog vorbei an ihm, wie ein unwirklicher Traum. Und als die Dämmerung kam, ging er, wie ferngesteuert, wieder zurück zu dem kleinen Häuschen. Auch das war heute viel größer geworden, zu Lisa, die mit der gleichen Selbstverständlichkeit wie gestern die Bettdecke hob und ihn zu sich ließ. Und wieder verließen ihn die Sinne, und er war nur noch, alles war nur noch Gier nach ihr und Lust an ihr.

Wie viele Nächte es waren, die so dahingingen, wer kann das sagen. Immer größer wurde seine Welt, immer größer auch Lisa. Und dann kam sie, die Nacht der Nächte. Zwischen Lisas Oberschenkeln lag das Tor zum Paradies. Und heute, in der Nacht der Nächte, da geschah es. Nicht nur ein Teil von ihm, nein, er selbst, er in seiner vollen Größe, durchschritt dieses Tor – wollte es durchschreiten. Aber Lisa packte ihn mit Daumen und Zeigefinger und stellte ihn auf den Boden. Dann ergriff sie ganz vorsichtig ein kleines Hämmerchen, drückte es ihm in die Hand – mit beiden Händen musste er zupacken, um es halten zu können – und setzte ihn auf ein kleines, noch leeres Bänkchen auf dem Ringelspiel. Und wie durch Zauberei wusste er, wann sein Ton drankam, wann er auf das Glöckchen schlagen musste.

Neben ihm auf dem Bänkchen war noch ein Platz frei. Er wusste nicht, wie lang er so auf dem Bänkchen gesessen war und auf sein Glöckchen geschlagen hatte. Aber eines Tages, irgendwann, setzten Daumen und Zeigefinger einer vorsichtigen übergroßen Hand jemanden neben ihm auf das Bänkchen. Auch der hatte einen Hammer in der Hand, auch der schlug zur richtigen Zeit aufs richtige Glöckchen. Es war der hünenhafte Blonde aus der Bar.

AUS DEM SCHATTEN

URBAN COMPLOJ

Wenn die Sonne aufgeht, liegt der Berg da, als hätte jemand ein durchsichtiges Seidentuch über ihn gelegt. Ganz weich ist er morgens. Das ist die Zeit, in der ich für gewöhnlich aufbreche, um mir einen guten Platz zu suchen. Die Steine habe ich meistens schon am Vortag hergerichtet. Ich werde später noch etwas zu den Steinen sagen. Zuerst möchte ich Ihnen erzählen, was ich am Tagesanbruch liebe. Die Luft ist anders als sonst: Dichter ist sie, fast unbeweglich. Und natürlich diese Ruhe; die gibt es nur in den Morgenstunden. Man merkt, wie man selbst von dieser Ruhe ergriffen wird. Ganz langsam fließt einem da das Blut durch die Adern. Der Kiesel unter den Schuhen knirscht leiser als üblich und der Bach blubbert nur halb so wild ins Tal hinab. Es ist, als müsste auch der Berg erst munter werden nach einer Nacht im tiefen Schlaf.

Brechen die ersten Sonnenstrahlen über die Kuppen, bin ich oft schon auf dem Weg zur Scharte. Ich zeige es Ihnen auf der Karte. Die Scharte befindet sich etwa eine Stunde oberhalb meiner Hütte. Erst lasse ich den kleinen Kiefernwald hinter mir, in dem die Hütte steht, und steige über das Geröllfeld hinauf zum Plateau. Dort beginnt der Weg, den mein Großvater angelegt hat, und der über den Felshang zur Scharte führt. Was eine Scharte ist, wissen Sie bestimmt. Das ist ein Ort, an dem das Gelände eingeschnitten ist; von unten sieht das aus, als hätte der Grat eine Zahnlücke. Für mich ist das ein magisches Tor. Überschreite ich die Scharte, finde ich auf der anderen Seite des Berges eine andere Welt: Ihre Welt. Dort gibt es Seilbahnen und Autostraßen und es gibt ein Panorama-Restaurant. Wanderer in bunten Jacken pilgern in Scharen zu den Almen an der Hohen Nied. Ich höre sie schon von Weitem und rieche ihren Schweiß. Sie bringen das Leben von da drunten herauf zu mir; den Krach und den Dreck. Sie sollen unten bleiben. Sie dürfen niemals auf meine Seite der Scharte kommen.

Ein guter Platz ist einer, bei dem es aussieht, als wäre es ein Unfall gewesen. Die Felsen hier oben sind voller Risse. Wasser dringt in sie ein, gefriert und sprengt das Gestein. Es ist ganz wackelig an vielen Stellen. Man kann es mit der bloßen Hand auseinanderziehen. Manchmal fällt ein Brocken in die Tiefe. Das passiert immer wieder. An solchen Stellen setze ich mich hin. Ich verstecke mich unter den krummen Zweigen einer Latsche und warte. Die Gruppe muss passen. Sie darf nicht zu groß sein. Die großen Gruppen haben oft einen Bergführer dabei. Der kennt sich aus hier oben. Der durchschaut das Spiel vielleicht. Die Gruppe darf aber auch nicht zu klein sein. Sind nur zwei Wanderer unterwegs oder drei, treffe ich selten. Dann geht der Wurf ins Leere, die Leute sind erschrocken und erleichtert. Das ärgert mich. Wer sich nicht weh tut, kommt wieder. Ich schaue auch darauf, dass keine Kinder dabei sind. Das kann ich schwer erklären. Da widerstrebt es mir einfach. Vielleicht weil ich mir denke: Die können es noch nicht besser wissen, diese kleinen Wesen.

Der Stein muss zur Stelle passen. Wenn es dort steil nach unten geht, sollte er rund sein, damit er beim Fallen an Fahrt aufnehmen kann. Treffe ich einen Kopf, höre ich das gleich. Das Geräusch, das dann ertönt, ist eine Mischung aus Knacken und Klatschen. Danach fällt der Körper mit einem dumpfen Aufprall zu Seite. Ich kann verstehen, dass Sie jetzt das Gesicht verziehen. Am Anfang fand ich es auch abstoßend, aber man gewöhnt sich daran. Jedenfalls darf ich mich danach nicht bewegen. Das Rascheln könnte die

Aufmerksamkeit auf mich lenken. Nein, ich bleibe ruhig sitzen. Oft stundenlang. Bekomme das entsetzte Schreien mit, die verzweifelten Rufe, das Landen des Hubschraubers, das Stimmengewirr. Erst, wenn es wieder still ist, wage ich mich aus meinem Versteck. Da ist es meistens schon dunkel. Deswegen haben Sie eine Taschenlampe in meinem Rucksack gefunden. Die brauche ich für den Rückweg zu meiner Hütte.

Jeder Stein ist anders. Ich mag Steine, auf denen sich Flechten breitgemacht haben. Flechten sind die Pioniere der Natur. Ohne Flechten gäbe es hier oben kein Leben. Ich übe mit den Steinen jeden Tag. Das macht mir Mühe. Aber ich muss gut treffen. Nur wenn einer stirbt, sagen die Wanderer: „Da gehe ich nie wieder hinauf." Nur dann kehren sie in die Dörfer zurück und warnen die anderen: „Da oben, wo die Bäume aufhören und das steile Stück zur Scharte anfängt, da sollte niemand einen Fuß hinsetzen." Das ist es, wofür ich das alles mache. Dass die mich in Ruhe lassen, dass sie unten bleiben im Tal mit ihrem Lärm und mit ihrem Schmutz.

Glauben Sie jetzt bloß nicht, dass ich es hauptsächlich auf die Wanderer abgesehen hätte. Die sind nur das einfachste Ziel, weil es so viele von ihnen gibt. Aber ehrlich gesagt sind die mir langweilig geworden. Viel lieber treffe ich die Wilderer. Aber die sind gerissen. Die wissen genau, dass die Steine nicht von selbst aus dem Hang fallen. Und trotzdem können sie es nicht lassen, immer wieder zu mir heraufzukommen. Hier breiten Steinadler ihre Flügel aus und kapitale Hirsche streifen durch die Wälder. Das zieht die Wilderer an wie die Touristen der Gipfelstempel. Doch die Wilderer trauen sich erst herauf, wenn die Nacht angebrochen ist. Sie schwärzen sich die Gesichter und vermeiden die bekannten Wege. Sie hören jedes Knacken im Geäst und nehmen Reißaus, wenn sie mich in ihrer Nähe vermuten. Deswegen bin ich dazu übergegangen, Fallen zu graben. Und zwar dort, wo das Rotwild äst und die Auerhähne nach Heidelbeeren suchen. Dann warte ich wieder. Wenn es sein muss, tagelang und wochenlang. Früher oder später kommt einer von ihnen, aufgegeilt von den Rufen der Waldtiere. Wenn er durch die Äste bricht, die ich zur Tarnung über die Grube gelegt habe, und benommen unten liegt, bewerfe ich ihn. Dann schütte ich das Loch zu. Gefunden wurde noch keiner von denen.

Ich war immer sehr vorsichtig. Wenn man wie ich in den Bergen aufgewachsen ist, weiß man, wie man sich in ihnen verbergen kann. Im Schatten ist man unsichtbar. Niemand schert sich um den Schatten. Die Wanderer haben die Gipfel im Blick und die Bauern das Vieh. Die Gastronomen schauen den Wolken hinterher und die Liftbetreiber der Technik. Ich könnte auf wenige Schritte an die Leute herankommen, sie würden mich nicht bemerken. Aber ich mache es nicht. Ich bleibe ihnen fern. Ich beobachte sie von der Scharte aus und hoffe, dass sie nie auf meine Seite des Berges kommen wollen. Das Alleinsein ist mir heilig. Lassen Sie mich kurz erzählen, was mir daran gefällt. Das Alleinsein ist die edelste Form des Daseins. Man muss es nämlich aushalten können. Den Mund aufreißen und Geräusche machen, das kann jeder. Aber ruhig dazusitzen und die eigenen Herzschläge zu hören, das ist eine Kunst, die nur die wenigsten beherrschen.

Wer sich auf das Alleinsein versteht, braucht nicht viel. Wenn ich Unterhaltung will, schaue ich dem Eichelhäher zu, wie er seinen Vorrat im Boden vergräbt, oder ich beobachte die Äste der Kiefern, die sich im Wind scheinbar die Hände reichen. Friert es mich, zünde ich einige Zapfen an, die ich zum Trocknen im Schuppen gestapelt habe. Zum Essen finde ich immer etwas; die Blüten von der Vogelmiere oder Fichtensamen. Nachdenken muss ich nicht viel. Worüber soll ich auch nachdenken? Bloß die Übungen machen mir manchmal zu schaffen. Das ist keine Kleinigkeit. Ich nehme mir immer ein bestimmtes Ziel vor. Werfen auf lange Distanz, kraftvolles Werfen, der Wurf mit zwei Steinen zur gleichen Zeit. Ich übe jeden Tag. Anfangs habe ich einfach drauflosgeworfen. Da hat mal einer einen Arm verloren oder es ist einem der Oberschenkel aufgeplatzt. Das will ich nicht. Dass die dann daliegen, vor sich hin bluten und keuchen und alles nass machen. Das ist nichts Feines. Der Wurf muss sauber sein und gut platziert, dann hat alles seine Richtigkeit.

Jetzt, wo es vorbei ist, wird mir am meisten fehlen, abends vor der Hütte zu sitzen und auf das Schlafengehen zu warten. Wenn das Kreuz drückt und die Finger aufgeraut sind, weiß man, was man geschafft hat. Dann gibt es keinen Grund, noch länger am Tag festzuhalten. Aber manchmal bin ich trotzdem draußen geblieben und habe die Scharte beobachtet. Einfach so beobachtet, wie sie da oben thronte und nichts von der Welt brauchte als sich selbst. Wie sie schon mein Großvater und vielleicht auch schon sein Großvater beobachtet hat. Das magische Tor, das unsere Bergseite von der Bergseite der anderen trennte. Was wohl aus der Hütte wird, frage ich mich. Im Schatten steht sie, in einem kleinen Kiefernwald; direkt an den Felsen gebaut. Beim Schlafen habe ich die Füße an den kalten Stein gelegt. Das war ein Wohlgefühl; da war ich daheim. Viel mehr braucht man nicht als eine Hütte und einen Schattenplatz, an dem man ungestört ist.

Ich habe viel erzählt. Jetzt bin ich müde. Machen wir Schluss für heute. Kann ich in meine Zelle? Und noch etwas: In meinem Rucksack sind zwei Steine. Die brauche ich nicht mehr. Vielleicht haben Sie eine Verwendung dafür. Es sind gute Steine. Mit einer schönen Form. Schlank, aber hart, wie es nur Granit sein kann. Flechten sind auch drauf. Gelbe Flechten. Das sind mir die liebsten. Die leuchten einem so freundlich entgegen, als würden sie sagen: Wo wir sind, ist Leben. Wo wir sind, entsteht eines Tages ein Wald, in dem einer eine Hütte bauen kann. Und wenn die Sonne aufgeht und der Berg wie in Seide gepackt daliegt, wird er vor die Tür treten und die Ruhe genießen. So wird es sein und so ist es auch recht.

KORFU VERLASSEN UND STERBEN

MARC BENSCH

Einmal starb ich vor Korfu. Am Morgen nach der Landung unseres nicht abgestürzten Flugzeugs war S. geladen mit Instantkaffee und Sonnenstrahlen und ich mit Schlafsand und Nervosität. Ich sah Despina nirgendwo. Das Schnellboot kam pünktlich. Wir drängten uns durchs Innere vor zum Bug, bemüht, nicht auf fremde Sandalen zu treten. Rissen uns draußen den Mund-Nasen-Schutz vom Kopf und stopften ihn in unsere Hosentaschen – für später. Das Meer lag vor uns, glitzernd, in sich ruhend. Ich vertraute Poseidon blind.

„Could get a little bit rough out here“, warnte der Kapitän und zeigte auf die vom Wind gestreichelte ultramarinblau-weiße Flagge.

„We gonna stay anyway”, antwortete ich und nahm beruhigt den Rettungsring links unter mir wahr.

„Your choice“, folgerte er achselzuckend.

Despina setzte sich in Bewegung, navigierte aus dem Hafenbecken hinaus, nahm Fahrt auf. Wir schanzten über die erste Welle. Das Meer schäumte. Wasser klatschte uns ins Gesicht. Die anderen Mutigen um uns herum jauchzten und klammerten sich an die Reling. Nach der dritten Welle schwankten die ersten ins Innere. Wir blieben sitzen.

Dann zog der Wind auf, peitschend. Der Kapitän rauchte in seiner Kabine eine Zigarette.

Meine Ohren waren schon immer segelig gewesen. Sie verlor ich als Erstes. Der Wind riss sie mir einfach vom Kopf, das linke zuerst, sofort danach das rechte, als ob es nicht allein verbleiben wolle. Ich sah S. schreien, hören konnte ich sie nicht mehr. Das ist also Stille in ihrer reinsten Form, dachte ich. Die anderen Passagiere schauten angewidert und entsetzt. Ich versuchte, meine Ohren aufzusammeln, doch das hineinschwappende Wasser spülte sie außer Reichweite und dann musste ich mich wieder festhalten.

Als nächstes erwischte es meine Nase. Keine Chance mehr, das Salz des Meeres zu riechen. Bedauerlich. S. schrie noch mehr, gestikulierte panisch. Ich wusste nicht, was sie mir sagen wollte. Ich sah doch selbst, dass ich mich auflöste. Der letzte Rest Menschen an Deck machte sich aus dem Staub, ein beherzter Rentner zog die schwere Tür hinter sich zu und schloss uns aus. S. rutschte auf Knien herum und sammelte meine verlorenen Sinnesorgane ein, steckte sie in den Rucksack vor meinen Füßen. Ich blieb regungslos, erfreute mich am Meer, an der steifen Brise im Rest meines Gesichts, an der Gischt. Auch der Kapitän war unbeirrt, er hielt Kurs. Ich äußerte Verständnis für ihn, ich war auch ungern unpünktlich. Das hätte ich mir sparen können. S. strafte mich mit ihrem Deine-Haltung-schmeckt-mir-nicht-Blick. Ihre Lippen bewegten sich, doch ich konnte nichts hören.

Antworten konnte ich auch nicht mehr. Ein Windstoß, kurz und heftig, schnappte sich meine eben noch zu einem Lächeln geschwungenen Lippen. Es fühlte sich an wie bei einem Pflaster, das sich mit ein paar Haaren zu viel verbunden hat. Glücklicherweise verging der Schmerz rasch, genau wie es bei einem Pflaster der Fall ist. S. stürzte auf mich zu und schüttelte meine Schultern. Ich bedeutete ihr mit meinen Händen, dass sie sich beruhigen solle. Sie lenkte mich vom Genießen dieser Überfahrt ab, immer lenkte mich irgendjemand oder irgendetwas vom Genießen ab.

Meine Hände inklusive all meiner Finger blieben fest mit mir verbunden, die Gewalten konnten ihnen nichts anhaben. Das war gut und wichtig. Nicht nur, weil ich mich so ihrer übertriebenen Sorge erwehren konnte. Sie schmollte. Ich beschloss, mich später darum zu kümmern. Stattdessen machte ich mir Gedanken um meine Augen. Die zu verlieren, von einem Moment auf den nächsten nicht mehr sehen zu können, wäre für mich die schlimmste Vorstellung gewesen. Ich wog sogar einen Augenblick ab, meine Hände vorzuschieben, um die Augen zu schützen, verwarf die Idee aber sofort, hätte ich dann doch genauso wenig mehr gesehen. Zudem wusste ich: Meine Augen sind flink, sie sind klug, sie verkriechen sich weit genug in ihre Höhlen, um zu sehen, ohne geblendet zu werden, sie entziehen sich jedem feindlichen Zugriff. Meine Haare zu verlieren, konnte ich verkraften – auch wenn sie mir durchaus unerwartet mit all ihrer Länge ans Herz gewachsen waren. Nun zupfte mir eine unvorstellbare Kraft in rasender Geschwindigkeit eines nach dem anderen vom Schädel, wirklich eines nach dem anderen, nicht büschelweise, koordiniert einzeln. Beim Spiel mit dem Wind entwickelten meine Haare eine entzückende Vitalität, selbst die grauen, die ich entdeckte, fielen nicht einfach auf den Boden des Boots. Es war, als ob tausend kleine Feen Walzer tanzten.

Ich nutzte die Gelegenheit und tastete nach meiner Narbe am Hinterkopf, neugierig, wie sie sich anfühlen würde. Als ich sie zu fassen bekam, zog ich die Hand schnell weg, zu viel Berührung ist ungesund. Gerade als am Horizont die Insel auftauchte, der wir entgegendrängten, spürte ich den ersten Halswirbel brechen, kurz darauf rissen einige Muskeln und Bänder. Dann geschah etwas Ungewöhnliches. Ich kann es mir nur so erklären, dass mir mein Gehirn einen Streich spielte. Ich hörte wieder, ich roch wieder, ich schmeckte wieder, ich konnte wieder sprechen. Ich konnte „Das hätte jetzt wirklich nicht zu Beginn des Urlaubs passieren müssen“

sagen – unmittelbar, bevor mein Kopf meinem restlichen Körper entrissen wurde und mit der ganzen Wut eines Dickschädels gegen die Tür krachte, hinter der sich die anderen Passagiere befanden und dabei einen dumpfen Knall verursachte. Gott, müssen die sich in dem Moment erschreckt haben!

Wenige Minuten später erreichten wir Paxos. S. und ich warteten, bis alle anderen ausgestiegen waren, dann schnappten wir unser Gepäck, befestigten den Mund-Nasen-Schutz wieder hinter unseren Ohren und stiegen zu Kostas ins Taxi, einem von sechs auf der Insel. Er brachte uns in zehn Minuten vom südlichen Ende ans nördliche.

ZU TIEF

PAUL JONA SCHÄFER

Ich trotze meiner Selbstbeherrschung und wage einen weiteren Vorstoß, bin schließlich immer noch der Chef hier. Unter Knistern und Knacken verabschiedet sich mein Arm zwischen Salz, Zucker und Mononatriumglutamat, sucht dort nach Lebensfreude. Ein flüchtiges Gut, das der Körper nicht immer selbst synthetisieren kann. Ich bin gewissenhaft, komme ihm entgegen. Wir haben zwar unsere Differenzen, pflegen aber ein kollegiales Verhältnis. Das ist aber wirklich der Letzte, dann ist Schluss. Wir beide durschauen die Lüge und trotzdem tastet meine Hand gierig nach dem größten Exemplar. Ist schließlich der Letzte. Mein Arm wird länger und länger, ist Pionier, erkundet die unerforschten Ecken der Wüste aus Kartoffelstaub. Die Mission erfordert viel Geduld, fehlende Selbstbeherrschung hat hier schon vergangene Nacht gewütet, die guten Dinge bereits abgestaubt. Ich lasse mich nicht beirren, bin routinierter Connaisseur und verlagere mein Gewicht weiter in den tiefen Schlund der Tüte. Die spätnächtliche Anstrengung geht nicht spurlos an mir vorbei, erste Schweißtropfen drohen entlang meiner Stirn mit der Offenlegung meines Fitnesszustandes.

Es ist nicht so, wie es aussieht, ich schwöre es.

Die feuchten Kronzeugen meiner Unzulänglichkeiten widersprechen und intensivieren ihre Bemühungen entlang meines Nasenrückens.

Nun gut. Es ist genau so, wie es aussieht.

Ich verdränge die schambringenden Tropfen provisorisch mit meiner freien Hand und fokussiere mich wieder auf das Wesentliche. Ein finaler Kraftakt soll die salzige Versuchung ans Tageslicht bringen und die harte Arbeit untertage belohnen. Erfolgreich. Der abermalige Vorstoß findet den heiligen Gral aus Frittiertem: Beachtliche Größe, Kurven genau an den richtigen Stellen und ein ausgetüfteltes Rillenmuster, das als Schleuse für die prognostizierte Geschmacksflut dienen soll. Es braucht keinen Kennerblick, um festzustellen, dass ich ein Prachtexemplar an der Angel habe. Der Triumph kommt jedoch nicht ohne Verluste. Die übermütige Offensive ins Glück wird von einem lauten Ploppen begleitet und ein kühler Luftzug bahnt sich seinen Weg entlang meines versunkenen Armes. Durchbruch. Ich nehme das Opfer billigend in Kauf und schicke meinen gierigen Blick auf die kurze Reise an das andere Ende der geschändeten Tüte. Die Suche nach dem verdienten Lohn bleibt jedoch erfolglos:

Die Tüte unversehrt, kein Arm in Sicht.

Ich begegne der Sinnestäuschung mit gerunzelter Stirn und fragender Stille. Antworten bekomme ich keine. Die Verwirrung lässt jedoch keine Zeit für weitere Fragen und findet bereits ihren nächsten Katalysator in den Tiefen der Polypropylen-Verpackung. Mein Arm hat die Aufforderung zum Rückzug zwar erhalten, stößt dabei jedoch auf unerwartete Komplikationen. Ein undefinierbarer Widerstand verhindert die Bergung, hält meine Beute im Klammergriff. Ich mobilisiere weitere Kraftreserven und schicke sie an die Front. Die Schweißtropfen nutzen meine temporäre Ablenkung und feiern ihr Comeback auf meiner Stirn, lassen keine Zweifel mehr an der körperlichen Anstrengung und doch ist die Mühe vergeblich. Für jeden gewonnenen Zentimeter wird wieder einer verloren. Der Feind sitzt direkt am anderen Ende der knusprigen Kartoffel und hat Ausdauer mitgebracht. Sturheit siegt über Verstand. Ich ignoriere die Absurdität der Situation und nehme die Herausforderung an. Aufgeben ist keine Option. Meine Beine haben die Tüte im Würgegriff, mein Arm verschwindet im schwarzen Nichts dazwischen und ruckelt im Takt mit dem hechelnden Wehklagen meiner Raucherlunge.

Es ist nicht so, wie es aussieht, ich schwöre es.

Im Gleichschritt mit meinem Verstand verliere ich zunehmend an Boden. Der Tüten-Terrorist hat die Schlagzahl erhöht, droht mir nun endgültig mit dem Röstkartoffel-Raub. In einem letzten Akt der Verzweiflung klemme ich meine Füße in die Sofaritze, schiebe beide Arme in die Tüte und umgreife das knusprige Glück mit beiden Händen. Ich klammere an Chip und verbliebener Selbstachtung und doch sehe ich der Niederlage bereits ins Auge. Erst sprichwörtlich und dann wörtlich:

Ich verliere den Halt und mein Kopf folgt meinen Armen in das Innere der Tüte. Zwischen Transfetten und Geschmacksverstärkern eröffnet sich mir die gesamte Sinnwidrigkeit der Situation: Am anderen Ende meiner nächtlichen Versuchung klammert der voluminöse Arm meines Widersachers. Ich erhasche noch einen Blick in die gierigen Augen auf der anderen Seite und dann ist es schon zu spät. Ein Ruck geht durch den massiven Arm und er zieht mich vorbei an Salz, Zucker und Mononatriumglutamat, keine Spur von Lebensfreude. Die Reise ist ebenso kurz wie würzig und der Geburtskanal aus Aluminium entlässt mich unsanft und unter wildem Stimmengewirr in die unbekannte Welt.

Ich benötige einen Augenblick, um den plötzlichen Szenenwechsel zu verarbeiten, meine Augen gewöhnen sich nur langsam an die spärliche Beleuchtung. Unter unbeholfenem Tasten erschließt sich mir zunächst die Natur meiner neuen Sitzgelegenheit. Meine Beine schwingen in der Luft und ich erreiche die Lehnen geradeso mit ausgestreckten Armen. Der Stuhl ist ebenso überdimensional wie unbequem. Mit meinen wilden Orientierungsversuchen intensiviert sich auch das

Stimmengewirr um mich herum. Das Tuscheln ist höhnisch und nun im Detail zu vernehmen:

„Hast du gesehen, wie er gezogen hat, Larry?"

„Jaja, ein ganz Gieriger. Schau, wie er sucht!"

„Ruhe!"

Die tiefe Stimme dröhnt vom anderen Ende des Raumes und verschluckt auf ihrem Weg jegliche Nebengeräusche, hinterlässt ein tiefstilles Vakuum. Einzig die pochenden Schläge aus dem Inneren meines Brustkorbes trauen sich gegen die Geräuschlosigkeit zu rebellieren. Ich halte die Luft an, versuche die Stille zu nutzen und suche nach einem Funken Sinn in der Absurdität. Zumindest die autoritäre Stimme findet ihren zugehörigen Umriss im bescheidenen Licht auf der Empore vor mir. Das Gesicht des mächtigen Mannes wird von einem tiefen Schatten verschluckt, seine dicklichen Arme ruhen schwer auf einem ebenso massiven Holztisch. Sein rechter Arm ist entblößt und trägt ein Kleid aus rötlicher Gewürzmischung. Wir hatten wohl bereits die Ehre.

Der dreiste Dieb schweigt und beginnt, in einem großen schwarzen Aktenordner zu blättern. Die Tätigkeit rechtfertigt das tiefe Schnaufen aus seiner Lunge nur bedingt und ich beginne zu vermuten, dass der tiefe Schatten verräterische Schweißtropfen verbirgt. Als könnte der Mann meine Gedanken lesen, fährt seine Hand in die Dunkelheit und beseitigt die tropfenden Beweise von seiner Stirn. Dann ertönt die einnehmende Stimme erneut. Dieses Mal bilde ich mir ein, dass etwas Verlegenheit in ihr schwingt:

„Nun gut. Herr S., Sie wissen wohl, warum Sie heute hier sind."

„Jaja! Das wird er wissen, schauen Sie Ihn nur an!"

„Ruhe!"

Es braucht einen kurzen Moment, bis ich realisiere, dass sich die anonymisierte Kurzform mir widmet:

„Nein, weiß ich natürlich nicht. Es muss eine Verwechslung vorliegen."

Meine Antwort droht im wiederauflebenden Getuschel unterzugehen:

„LÜGNER, LÜGNER, LÜGNER", hallt es im Chor um mich herum. Ich richte mich auf, stelle mich auf die Zehenspitzen und blicke über die zu groß geratene Stuhllehne. Drei Tribünen bilden den einschüchternden Rahmen für meine monströse Sitzgelegenheit. Ich blicke in weitere Schattengesichter und auf schwere Arme auf schweren Tischen.

„Ruhe! Ruhe! Ruhe!"

Die Stimme des Mannes in meinem Rücken überschlägt sich nun fast und verliert sich dann in einem aggressiven Hustenreiz. Der Ausruf erreicht trotzdem sein Ziel und das tiefe Röcheln erhält wieder die uneingeschränkte Aufmerksamkeit des Publikums. Es dauert einige Sekunden, bis der Mann sich wieder gefangen hat und mit einem letzten Räuspern zurück zur Tagesordnung kehrt:

„Verzeihung. Nun gut. Nun gut. Sie wissen es also nicht?"

„Nein."

„Kommt Ihnen dieses Salzgebäck bekannt vor?"

In seiner rechten Hand hält der Mann nun sein Diebesgut, wedelt damit provokant in meine Richtung. In seiner riesigen Pranke wirkt der Chip fast winzig, nicht größer als einer seiner Fingernägel.

„Ja, selbstverständlich. Es ist meiner. Sie haben ihn mir geklaut."

Ich erwarte eine erneute Reaktion von außen, doch die letzte Ermahnung hat das Publikum noch immer im Griff. Das leise, fast jämmerliche Lachen kommt dieses Mal von meinem Gegenüber:

„Wissen Sie, ich mache diesen Job schon lange, aber so gierig wie Sie war noch keiner. Darf ich fragen, was Sie hier gesucht haben?"

Mit der Frage deutet der Mann über meinen Kopf. Ich folge dem Hinweis und blicke im nächsten Augenblick durch den staubigen Aluminiumkanal und auf die Deckenbeleuchtung meines Wohnzimmers, die auch diesem Raum seine düstere Beleuchtung spendet.

„Naja, ich weiß nicht. Lebensfreude?"

Das Tuscheln ist zunächst vorsichtig, wartet auf die Ermahnung und wird in Abwesenheit dieser zunehmend ungehaltener. Mit dem erneuten Lachen des Taktgebers brechen alle Dämme. Das Publikum stimmt ein und der Raum wird von schallendem Gelächter geflutet. Ich halte mir meine Ohren zu und doch höre ich die rhetorische Frage des Anklägers über den Lärm hinweg:

„In einer Chipstüte?"

Die Provokation dient dem Gelächter als weiterer Treibstoff. Mein Kopf droht, in die Luft zu gehen, und ich blicke sehnsüchtig auf die andere Seite der Tüte. Wäre ich doch nur nicht so gierig gewesen. Zu meinem Glück fängt sich der Mann auf der Empore zuerst und verliert ebenso den Gefallen an der Geräuschkulisse:

„Ruhe!"

Das Lachen verstummt augenblicklich und wird durch eine Welle unterdrückter Hustenanfälle ersetzt.

„Herr S., wann haben Sie zuletzt Sport getrieben?"

Ich habe nicht die Möglichkeit zu antworten, bevor schon die nächsten Fragen in meine Richtung schießen:

„Wann haben Sie zuletzt eine Frau zum Essen ausgeführt?"

„Sind Sie zufrieden mit sich selbst?"

„Haben Sie sich ihr Leben so vorgestellt?"

Überwältigt von der Fragenflut beginne ich mit der Letzten:

„Ich denke, ja?"

„LÜGE, LÜGE, LÜGE", schallt es aus den Rängen. Der Mann hebt seine Hände in einer Geste der Beschwichtigung:

„Herr S., wie Sie sehen. Die Geschworenen werden unruhig. Es ist gleich Mittagszeit. Bitte kommen Sie zum Urteil."

„Ich? Aber ich dachte, Sie seien hier der Richter. Und was ist überhaupt die Anklage?"

„Im Selbstgericht können Sie sich nur selbst richten, Herr S. Mein Job ist hier getan."

„SCHULDIG, SCHULDIG, SCHULDIG."

Ich überlege nicht lange, verkneife mir das Hinterfragen und fälle das Urteil eben selbst:

„Unschuldig."

Das Publikum tobt, ist sichtlich unzufrieden mit der Entscheidung.

„So soll es sein", der Richter klopft zweimal mit der flachen Hand auf den massiven Tisch und lehnt sich aus seinem Schatten. Das stark adipöse Gesicht glänzt im schwachen Licht meiner Wohnzimmerbeleuchtung und kommt mir nur allzu bekannt vor. Zwischen dem ohrenbetäubenden Unmut des Publikums grinst er mich mit seinen verbliebenen Zähnen an.

„SCHULDIG, SCHULDIG, SCHULDIG."

„Wir sehen uns im Spiegel, Herr S.", mit diesen Worten schlägt er ein drittes Mal auf den Tisch. Das Publikum verstummt und ich schrecke auf. Adrenalin flutet meine Blutbahn und mein Blick wandert frenetisch durch den Raum: Vom flimmernden Fernseher über meine Couch auf meinen versunkenen Arm. Ein Traum, nichts weiter. Durchatmen. In wohltuender Erlösung ziehe ich meinen marinierten Arm vorsichtig aus der Tüte. Ich stoße auf keinen Widerstand und doch offenbart mir das schwache Wohnzimmerlicht eine andere Überraschung: Meine Hand umklammert noch immer das Objekt meiner abendlichen Begierde:

Beachtliche Größe, Kurven genau an den richtigen Stellen und ein ausgetüfteltes Rillenmuster.

Ich trotze meiner Selbstbeherrschung und lasse die knusprige Lebensfreude meine Geschmacksknospen überfallen.

„SCHULDIG, SCHULDIG, SCHULDIG“, flüstert der Chor aus den Tiefen der Tüte.

Ich bekenne mich abermals schuldig und versinke in meiner Couch.

Schmeckt trotzdem.

SORCHA UND DER BLAUE KATER

PETRA ZEIL

Ich sah die beiden leuchtenden Kreise in der Dunkelheit schon von Weitem. Zielstrebig steuerten sie über die Dächer der Nachbarhäuser auf mich zu, und ich sprang von meinem Schreibtisch auf und öffnete die Tür meines Dachbalkons.

„Guten Abend, Sorcha", raunte die wohlbekannte Samtstimme. „Zeit für einen Ausflug!"

Im nächsten Moment erschien ein haariges Gesicht über der Dachrinne, und der blaue Kater blickte mich an. Die Zeiten, in denen ich mich über einen königsblauen Kater im fünften Stock gewundert hatte, waren lange vorbei.

„Wen hast du jetzt wieder gefunden?", fragte ich lachend.

„Sie", antwortete er mit ernster Miene, und da verging mir das Lachen.

„Sie?", rief ich. Ich hatte gehofft, dass er sie eines Tages finden würde, aber jetzt kroch etwas wie Furcht meine Kehle hinauf. So bald schon! „Wo ist sie?", fragte ich. „Wie geht es ihr?"

„Sieh selbst!", gab er zurück.

Auf meinem Fenstersims lag in einer kleinen Schachtel noch immer die Wunschpraline, die er mir bei unserer ersten Begegnung geschenkt hatte. Damals hatte ich ihn aus einer Kiste befreit, in der er sich versteckt hatte, um auf einem Frachter nach Rotterdam zu reisen. Durch einen unglücklichen Zufall war die Kiste jedoch nicht in See gestochen, sondern auf dem Dachboden unseres Mietshauses gestrandet.

Ich hatte den Kater eines Nachts kläglich miauen hören. Die Praline war sein Dank an mich gewesen. Angeblich sollte sie die Macht haben, einen einzigen Wunsch zu erfüllen, wenn man sie aß. Früher hätte ich solch einen Unfug niemals geglaubt, aber seit ich den blauen Kater kannte, glaubte ich noch ganz andere Dinge. Rasch steckte ich die Praline ein, legte meine Brille ab und ging wieder hinaus, dorthin, wo das Dach die Brüstung meines Balkons berührte. Die Balkontür ließ ich offen, es war eine laue Sommernacht.

„Dann los“, sagte ich, und kletterte auf das Dach. Zum Glück gehörte ich nicht zu den Frauen, die glaubten, mit 40 zu alt zu sein, um auf Dächern herumzuklettern. Sonst hätte mich der blaue Kater sicherlich auch nicht länger mit seiner Bekanntschaft geehrt.

Der Mond war nicht mehr voll, jedoch noch hell genug, um hier oben, wo das Licht der Straßenlaternen längst nicht mehr hinreichte, gut zu sehen. Die Dächer hoch über der Stadt waren mir inzwischen vertraut. Ich kannte alle losen Ziegel und griff sicher nach Vorsprüngen, Kaminen, Lüftungsrohren und Dachantennen, die etwas Halt boten. Manche Dächer beherbergten kleine Figuren, die man von unten nicht sah. Auf einem hausten zwei Wasserspeier aus Stein. Und auch der Blick durch erleuchtete Dachfenster und Gauben war mir längst nicht mehr peinlich. Schon zu oft war ich mit dem blauen Kater des Nachts hier oben unterwegs gewesen. Lampen, Schränke und Bücherregale in den engen Dachkammern kannte ich wie meine eigenen, und zuweilen sah ich immer dieselben Menschen friedlich in ihren Betten schlafen.

Doch heute bog der blaue Kater unerwartet ab, gleich hinter der Laterne auf dem Rathausdach, in eine Richtung, in die wir nie zuvor geklettert waren.

„Vorsicht, Spalt!“, rief er mir über seine Schulter hinweg zu. „Spring!“ Er sprang.

Entsetzt hielt ich inne und blickte auf die Gasse hinab, die sich tief unten zwischen den Häusern entlangschlängelte. Hier ging es tatsächlich nicht mehr weiter, außer, ich sprang ebenfalls. Wenn ich das Dach des Hauses auf der anderen Seite verfehlte, gab es kein Halten mehr, und den Menschen, die mich dort unten finden würden, wäre es ein Rätsel, woher ich gekommen und was mit mir geschehen war. Doch sie wartete dort drüben, irgendwo unter den fremden Dächern. Ich musste sie sehen. Ein Adrenalinschub verdrängte die Angst. Ich sprang, verlor das Gleichgewicht, fiel nach vorn und schlug hart auf dem Flachdach des anderen Hauses auf.

„Bist du in Ordnung?", wollte der blaue Kater wissen, und blickte ungewohnt besorgt drein.

Ich nickte. „Alles okay! Weiter!"

Schon nach kurzer Zeit hatte ich keine Ahnung mehr, wo wir uns befanden, und kletterte gedankenverloren über Ziegel, Mauern und Gauben, stets den Blick auf den blauen Kater geheftet.

Wir balancierten gerade einen Dachfirst entlang, als der Kater plötzlich stehenblieb und mit einer samtenen Pfote nach unten zu einem hell erleuchteten Dachfenster wies. „Dort ist sie!"

„Hier?", fragte ich, „Wie konntest du sie hier draußen finden?"

„Egal", erwiderte er maunzend und ließ sich vorsichtig das Dach hinuntergleiten, bis er sich oberhalb des Dachfensters absetzte und mich herausfordernd anblickte. Ungeschickt, fast so ungeschickt, als kletterte ich zum ersten Mal in schwindelerregender Höhe ein Dach hinab, setzte ich mich in Bewegung. Mein Herz schlug mir bis zum Hals. Zweimal rutschte ich ab und riss mir die Handflächen auf. Dann war auch ich an dem erleuchteten Fenster angelangt und lugte verstohlen hinein.

Das Erste, was ich sah, war nicht etwa sie, sondern er, und der Anblick schoss mir wie ein Blitz durch die Glieder, sodass ich taumelte und um ein Haar vom Dach gefallen wäre. Er hatte mir den Rücken zugewandt und stand in einem Kinderzimmer mit pastellfarbenen Wänden und einem Regal voller Stofftiere und Bauklötzchen. Neben ihm Jora, seine Frau. Seine Frau. Der Gedanke erschütterte mich zum tausendsten Mal. Er hatte tröstend den Arm um Jora gelegt und sie an sich gedrückt.

„Dein Theo", raunte der blaue Kater, und seine Stimme klang mitleidig.

Ich schüttelte den Kopf und biss die Wut und die Tränen zurück, die schon wieder aufsteigen wollten. Nicht mein Theo. Schon längst nicht mehr. Ihretwegen. Seine Frau. Seit siebzehn Monaten und vier Tagen. Die Stunden nicht mitgezählt.

Eine Ewigkeit starrte ich durch das Fenster auf sie hinab. Hätten sie sich umgedreht und nach oben geschaut, sie hätten mich erblickt. Zu Tode erschrocken hätten sie aufgeschrien und die Polizei gerufen. Sicherlich hätte er gedacht, ich sei seinetwegen hierhergekommen. Doch sie drehten sich nicht um, sie waren versunken in etwas, das sich vor ihnen befand und das vor meinen Blicken und jenen des Katers verborgen war. Doch ich wusste, was es war. Der Kater sah ruhig auf die beiden hinab, so reglos, dass er mich an eine Katzenstatue aus dem alten Ägypten erinnerte. Bastet – Beschützerin der Liebenden und der Schwangeren, fuhr es mir als Stich ins Herz. Aber der blaue Kater war ein Kater, keine Katze, und keine antike Schutzgöttin. Gedanken schossen mir durch den Kopf, wirr und zufällig.

Und dann geschah es. Jora machte sich aus Theos Umarmung los und ging zur Tür. Er folgte ihr, löschte das Licht, und im schummrigen Schein eines Nachtlichtes sah ich endlich sie. Sie war klein. Viel zu klein, selbst dafür, dass sie erst so wenige Tage alt war. Das winzige Gesicht ragte blass aus dem Schlafsack heraus, umrahmt von zwei winzigen Fäustchen.

Ich hatte es gehört. Bekannte, die einmal unsere gemeinsamen Freunde gewesen waren, hatten es mir erzählt. Verstohlen hatten sie dabei mein Gesicht studiert, das Gesicht der armen, verlassenen Sorcha. Was hatten sie gesucht? Genugtuung? Sie hatten sie nicht gefunden.

„Wie geht es ihr?“, fragte ich den blauen Kater.

„Schlecht“, raunte er. „Sie ist krank geboren. Sie wird nicht leben.“ Der Kater wusste alles. Immer.

„Doch, das wird sie! Sie wird gesund werden!“, sagte ich und griff in meine Hosentasche.

Der Kater schwieg kurze Zeit. „Bist du sicher?“, fragte er dann. „Theo hat keine Hilfe verdient. Nicht von dir. Er hat dich verraten, dein Herz gebrochen, sich mit der anderen aus dem Staub gemacht.“ Der Kater konnte schmerzhaft analytisch sein. „Ich werde dir keine weitere Wunschpraline schenken können. Nie mehr. Selbst, wenn ich wollte.“

„Sie ist noch ein Baby.“

„Theos Baby und Joras!“

„Trotzdem!“, sagte ich und steckte die Wunschpraline in meinen Mund.

DAS MÄDCHEN MIT HAAREN AUF DEN BRÜSTEN

MILLAY HYATT

Doch es ist nicht erforderlich, daß dieser
Körper diese oder jene besondere Struktur hat.
Simone de Beauvoir

Sie ist neunzehn, aber sie geht nicht gern ins Bett, wie eine störrische Dreijährige. Wenn es Zeit wird, so gegen zwölf, eins, wird sie plötzlich überdreht und geschäftig. Fängt um diese Uhrzeit, auch unter der Woche, noch einen zweistündigen Film an. Lärmt in der Küche herum, tut so, als würde sie spülen. Oder sie steht im Badezimmer und putzt sich fünfzehn Minuten lang die Zähne, übertrieben gründlich jeden einzelnen Zahn.

Ihren Mitbewohnern geht das ganz schön auf die Nerven. „Mann, Anna!" schallt es um diese Uhrzeit fast nächtlich durch die WG, weil jemand dringend aufs Klo muss oder schon seit einer halben Stunde versucht zu schlafen, während Techno aus dem Wohnzimmer dröhnt.

Aber schlafen will sie nicht. Nicht, weil es langweilig ist, im Gegenteil. Nachts passieren Dinge, die den Tag verblassen lassen, und es ist oft mehr, als sie trotz ihrer sprühenden neunzehn Jahre ertragen kann.

Nachts, allein in ihrem nach Patschuli duftenden Zimmer, wenn sie in ihrem Hochbett liegt, ihr Körper passiv, ihre Augenlider ruhend, da kommt es auf sie zu, mit der Power einer Boxerfaust. Nie bewegt sich die Welt schneller, als wenn sie still in ihrem Bett liegt. Wie eine Achterbahnfahrt ist das, wie aus dem Achterbahnsitz geschleudert werden hinein in eine betrunkene Nacht. Zwar liebt sie sonst das fliegende Gefühl im Bauch, das Abenteuer. Aber nachts wünscht sie sich etwas, das nicht ganz so stark ist. Sie wünscht sich den lebenden Tag mit den bekannten Dingen, mit Hausarbeiten schreiben, kochen, Wochenenden bei Bier und Musik. Oder sogar den gebrochenen Arm vom Fahrradunfall. Die brüllende Elefantenmutter mitten auf der Straße aus dem Thailandurlaub. Die Hochzeit ihres Vaters mit der blöden Silvia. Das alles ist noch zu bewältigen, denn sie ist neunzehn und unerschütterlich.

Aber was nachts passiert.

Nein, lieber um kurz vor zwei noch die Cousine in Kanada anrufen und sich eine Stunde mit ihr über die neuesten Serien auslassen. Die interessieren sie zwar nicht brennend. Aber.

Es wachsen Dinge.

Haben wir nicht irgendwo ein Waffeleisen? Wer hat Bock auf Waffeln?

Mann, Anna! Es ist halb drei, lass mich jetzt mit deinen Waffeln!

Aber es wachsen Dinge.

Nägel, zum Beispiel. Nägel wachsen aus ihren rosa Zehen. Nägel aus Eisen.

Noch das Bad putzen, das Bad könnte es dringend brauchen –

Sie wachsen unten aus der Flickendecke heraus, krümmen sich um die Bettkante und bohren sich ins Holz. Angenagelt liegt sie in ihrem Bett und wartet auf morgen.

Aber das ist nicht alles, was wächst. Eine Rinde wächst in ihrer Kehle. Zuerst ist nur eine leichte Irritation beim Schlucken zu spüren, eine hauchdünne Schicht, die zum Räuspern zwingt, aber schnell wird sie dicker und zäher, bis sie ihren Rachen mit einer Schwarte aus Leder belegt. Dann liegt sie da, stumm und röchelnd, bis es hell wird.

Oder Pilze. Samtene Pilze, grau wie kleine Mäuse oder braun wie kleine Spatzen, wachsen ihr nachts zwischen den Beinen. Zuerst ein Jucken, ein irritiertes Kratzen im Halbschlaf, an den Fingernägeln etwas Schwammiges, und dann sprießen sie nur so hervor: weicherdige Triebe, an sanften Stängeln flapsige Hüte, die beim Wachsen ihre inneren Oberschenkel streicheln.

Und immer viele Haare. Haare wachsen ihr aus dem Rücken, den Schultern, dem Bauch, den Fersen. Schon vorhandene Haare schießen übermütig in die Länge. Die Augenbrauen hängen ihr bis an die Taille wie Lametta, die Wimpern kringeln sich wie die von Cartoonfrauen, lang und länger, bis sie die dunkle Welt vor ihren Augen in ineinander verschachtelte Kreise zerlegen. Die Achselhaare kräuseln sich zu einem federnden Teppich, ein Dickicht so widerspenstig, dass es die Arme vom Oberkörper wegschiebt. Und die Kopfhaare schnellen hervor, bis sie fast in einem Geknäuel erstickt. Ein rosa Mädchenkörper in einem verhedderten dunklen Nest.

Am Dichtesten aber sind die Haare, die auf den Brüsten wachsen. Sie fangen an den Warzenhöfen an, dort, wo auch tagsüber hier und da ein schwarzer Einzelgänger zu sehen ist. Nachts bekommen diese Nachwuchs oder Nachtwuchs, lange Strähnen säumen die nackten Warzen, hängen wie Quasten herunter. Aber auch die Brüste selbst werden behaart, nicht kraus wie eine Männerbrust, sondern glatt und glänzend, wie eine frisch geleckte Katze. Anna fährt mit der Hand durch das dichte Fell an ihren Brüsten und bangt. Wenn es morgen noch da ist? So kann sie doch nicht mit ihrem neuen Freund in die Sauna, ihr neuer Freund, der sie, wie er sagt, graziös findet. Sie hat über das Wort gelacht. Jetzt zupft sie ängstlich an der Mähne, streichelt dann aber weiter, denn es ist schön geschmeidig und das Gefühl, das sie dabei bekommt, ist nicht unangenehm. Fast schnurrt sie.

Obwohl sie nachts immer gepackt wird von dem Gefühl, dass ihr zugenagelter, behaarter, bewachsener Zustand ein permanenter ist – unmöglich, sich vorzustellen, dass dieses Eisen, dieses Gestrüpp so einfach weichen wird – morgens ist immer alles verschwunden. Irgendwann ist es nicht mehr dunkel in ihrem Zimmer, und ihr Körper fühlt sich wieder sanft und leicht an. Sie betastet ihn erst panisch, es ist aber alles normal, alles mädchenhaft. Sie steht auf, frühstückt mit ihren Mitbewohnern, fährt zur Uni, geht später mit dem neuen Freund in die Sauna, wo ihre Brüste glatt und kahl sind, denn die Einzelgänger hat sie vorher noch gezupft. Alles ist, wie es sein sollte.

Bis sie den jungen Mann später von ihrem Bett fortschickt, um zwei Uhr morgens. Sie will nicht, dass er zum Schlafen da bleibt. Das kann er nicht verstehen und sie kann es ihm auch nicht erklären, es kränkt ihn und er wird wütend. Er nimmt seine Sachen und geht, schmeißt die Tür übertrieben laut hinter sich zu, und sie liegt hilflos in ihrem Bett. Wenn er nur wüsste, was der Körper, der grade so makellos war, wenn er nur wüsste, was in diesem Moment aus ihm hervortreibt. Moos treibt aus ihm hervor, aus den Ohren, undurchlässiges Moos, sodass sie bald nichts mehr hören kann, und ihre sich verlängernden Augenwimpern verknoten sich und liegen schließlich in schweren Knäueln auf ihren Wangen, sie kann die Augen nicht mehr öffnen. Zwischen den Beinen Austernpilze, in der Kehle eine harte Rinde, alles ist zu. Ein geschlossener, wuchernder Körper.

Am nächsten Morgen, wieder unbewachsen, schickt sie dem neuen Freund eine SMS, entschuldigt sich und lädt ihn ein, am Abend zu ihr zu kommen. Darfst auch bleiben. Anna.

Es wird ein netter Abend mit einem geteilten Joint, Rotwein und Rumgemache auf dem Sofa, der Vorabend ist vergessen. Zumindest der Freund hat ihn vergessen, aber Anna blickt ihn mit wachen Augen an, als er sich über sie legt und eine samtene Brust in den Mund nimmt.

Wie erwartet schläft er irgendwann ein, sein Kopf auf ihrem flachen Bauch. Anna liegt ruhig, ihre Finger streicheln seinen Rücken. Wie erwartet macht er irgendwann eine unwillkürliche Kopfbewegung, ist dann wieder still. Kurz darauf zuckt er wieder, fährt mit der Hand an die Nase, niest. Er dreht den Kopf, hebt den Kopf, fuchtelt am Mund herum, spuckt. Öffnet die Augen, hält inne, springt zurück und fällt fast vom Hochbett herunter. Wild greift er nach Halt, bekommt aber nur eine Faustvoll Pfifferlinge und Hexenbutter zu fassen. Greift wieder, diesmal hält er sich an einer Eisenstange fest, die an einem Ende weich und fleischig ist. Er tastet entlang der fleischigen Form, es wächst Gras daraus, und überall sind Haare, achselige Menschenhaare, verwickelt in Grünzeug. Der neue Freund stöhnt.

Aus dem Gebüsch heraus ruft sie ihn, die Anna mit der milchigen Haut. Sie ruft ihn bei seinem Namen und ihre Stimme ist klar.

„Komm, fühl mal“, sagt sie. Ein Arm schießt aus dem Gewühl hervor, greift nach seiner Hand und zieht sie herein, durch die Blätter und die Haare, bis er etwas berührt, eine sehr weiche Bürste oder einen tiefen Perserteppich. Anna führt seine Finger über die runde Form, bis sie nackter Haut begegnen. Blitzartig reißt er die Hand weg, als hätte er eine heiße Herdplatte angefasst.

Der Freund springt vom Hochbett herunter und zieht sich nicht einmal die Hose an, bevor er aus dem Zimmer stürzt.

Im Urwald liegt Anna. Sie ist der Urwald. Durch ihre Äste, Zweige und Haare winden sich Schlingpflanzen und weben sich in ihren schönen Mädchenkörper hinein.

DIE SCHWERE DES HIMMELS

JULIA ALINA KESSEL

Tilman tritt auf das Steinplateau, das sein Vater für seltene Feriengäste gebaut hat. Einige Sekunden lang bleibt er stehen, hält inne in einer ehernen Ehrfurcht, an die er sich niemals gewöhnen wird, und saugt das Panorama ein: eine Farbendecke aus Haselnussbraun bis Pfefferminzgrün, gesprenkelt mit weißgrauen Tupfen. Hunderte Meter darüber leuchten letzte schneebedeckte Kuppen. Dieser Sommer regiert noch trockener als der vorherige, gewährt nur sparsame Abkühlung in Form von wütenden Regenschauern. In der Ferne zeichnet sich das Massiv der Gebirgskette ab. Kälte wandert Tilmans Rücken hinab. Mit grauer Gewalttätigkeit ragen die Berge in das von Wolken durchzogene Blau. So hat er sie als Kind oft empfunden: monumental, übermächtig, unberechenbar. Eine Zeit lang hat er geglaubt, dies sei Projektion. Jetzt glaubt er das nicht mehr.

Keuchend setzt er seine Wanderung fort. Haarsträhnen kleben an seinen Schläfen, feucht scheuert der Stoff seines Hemdes auf seiner Haut. Der Weg wird von Jahr zu Jahr steiler, sein Körper wehleidiger. Als Tilman die Hofeinfahrt erreicht, wartet Benno schon auf ihn. Tilman nickt und schleppt sich an seinem Bruder vorbei. Mit fliegenden Schritten springt Benno hinterher.

„Ist Lukas schon da?“

„Seit ’ner halben Stunde.“

Kaum erreichen Benno und er das stillgelegte Schafgehege, tritt Lukas aus der Tür des Wohnhauses. Seine Sonnenbrille reflektiert das Sonnenlicht.

„Wie immer der Letzte." Lukas schlägt Tilman auf die Schulter, eine unbeholfene Form von Zärtlichkeit. Tilmans skeptischem Blick auf den kupferfarbenen Sportwagen begegnet Lukas mit Schulterzucken: „Wenn Papa glücklich ist, sind es die Kinder auch."

Einen Moment stehen sie voreinander, unsicher, ob sie schon bereit für den Grund ihres Besuchs sind. Tilman blickt wieder zum Horizont, ein fremdvertrauter Anblick. Seit seiner Kindheit hat die Landschaft sich gewandelt, die schroffen Berge sich müde den Jahreszeiten gebeugt. Hinter deren gekrümmten Rücken scheinen sich die Gletscher zu verbergen. Doch sie verstecken sich nicht – sie lösen sich in der Wärme auf, lauernd und bedrohlich. Die Gefahr entzieht sich dem Auge, der schmelzende Gletscher verschwindet im Himmel, verflüssigt sich in abfließendes Wasser. Je mehr der Berg schrumpft, unsichtbar wird, je mehr Blau da ist, desto mehr wächst die Lawine, die ihren Hof irgendwann mit sich reißen wird.

Tilman hat alles versucht: Familieninterventionen per Skype, Diskussionen am Telefon, Auflistung aller Argumente, sachlicher Streit, Geschrei. Nichts hat zu einer Einigung geführt. Sein Vater besteht darauf: Er ist hier geboren und er wird hier sterben. Das Tal, die Berge gehören zu seinem Leben, er gehört hierher.

Ihr Haus, das älteste im Dorf, thront fein herausgeputzt direkt über einer Böschung. Seit Generationen ist das Anwesen in Familienbesitz, der dazugehörige Laden Angelpunkt der umliegenden Dörfer. Ihr Hof warf nicht viel, aber genug zum Leben ab, für ihr eigenes und das der anderen Einwohner. Heute sind die Böden zu trocken. Heute lebt ihr Vater vor allem von seinen Ersparnissen und von den sich ab und zu in die Heuschober verirrenden Touristen, die eine

Übernachtung auf dem Berg als Stress vertreibendes Abenteuer betrachten. Sie genießen die Weite, den Eindruck von Erhabenheit, den die Berge ihren Betrachtern einzubläuen versuchen. Doch Tilmans Brust zieht sich zusammen, wenn er hier ist. Sein Asthma verschlechtert sich, trotz der gehaltvolleren, pollenärmeren Luft.

Tilman weiß, was ihn erwartet. Wann immer er seinen Vater besucht, versteckt sich in dessen Sätzen der unterschwellige Vorwurf, sein jüngster Sohn habe sich für das falsche Leben entschieden. Die enttäuschten Erwartungen seines Vaters stehen in Tilmans Wohnung wie die Kiste mit alten Büchern, die neben dem Bett vor sich hinvegetiert. Jede Woche schlägt er aufs Neue seinen kleinen Zeh dagegen, sich unter Flüchen schwörend, sie nächstes Wochenende zu entsorgen.

Zu dritt betreten sie die mit Holz ausgekleidete Stube. Tilman erschrickt, als er seinen Vater im Sessel sieht. Abgemagert hockt dieser darin, wird von dem Möbelstück beinahe einverleibt. Als er seine drei Söhne erblickt, hievt ihr Vater sich hoch, drückt sich gegen das Gewicht der Jahre. Sein Körper bewegt sich schwerfällig, als habe sich in seiner Kleidung alle Beschwerlichkeit seines Lebens verfangen; seine Glieder, unter dem Gewicht des Stoffes ächzende Kleiderstangen.

„Kümmern sich nicht um Konsequenzen, die jungen Leute“, schimpft er, während er Teewasser aufsetzt, „weil das Leben ja weitergeht, weil man zur Not woanders hin kann.“

„Ihr hinterlasst uns die Welt so kaputt“, sagt Benno.

Sein Vater holt vier Becher aus dem Schrank. „Eure Mutter hätte nicht gewollt, dass ich den Hof im Stich lasse.“

„Sie hätte auch nicht gewollt, dass wir dich hier im Stich lassen“, sagt Lukas.

Sie sitzen am runden Tisch und trinken frischen Pfefferminztee. Stockend stolpern sie ins Gespräch. Tilman überlässt Benno die Führung, sein eigener Mund ist ausgetrocknet von den vergangenen Monaten.

„Wir haben das Dorf aufgebaut“, beharrt der Vater. „Wir haben uns mit den Bergen arrangiert. Nichts hat sich geändert.“

Tilman weiß, dass sein Vater nicht die Wahrheit sagt. Menschen aus der Stadt glauben sie als unverrückbar, unveränderlich, zuverlässig. Doch schon früher änderte sich ihr Anblick jeden Tag. Als Kind beobachtete Tilman die Berge mit ihren je nach Sonneneinfall und Witterung variierenden Konturen. In ihrer sich wandelnden Form sah er den Ausdruck ihrer Stimmungen, las in ihren Umrissen, wann sie traurig, fröhlich, wütend waren, ob sie sich nach Gesellschaft sehnten oder nach Schlaf. Heute verändern die Berge sich irreversibel. Jede Stimmung ist einzigartig geworden, es gibt sie nur noch einmal und dann nie wieder.

Sie unterbrechen ihr Wortgerangel. Ihr Vater ist noch sturer als zu Beginn des Gesprächs. Lukas geht zur Toilette, Benno in den Stall ohne Tiere. Tilman tritt vor die Tür, um frische Luft einzuatmen. Die Berge ächzen in der Ferne, die Schwere des Himmels drückt sie nieder. An dem, was nicht mehr da ist, zeigen sich die Jahre – am Unsichtbaren, das in den Horizont wächst. Schrumpfende Eismassen halten Geröll und Steine nur noch auf Zeit zusammen. Sein Vater würde Tilman ebenfalls diese Eigenschaft zuschreiben: ein Kitt, auf den kein Verlass ist.

„Er ist alt, er weiß nicht, was er tut.“ Lukas steht nun neben ihm. „Er ist lebensmüde.“

Tilman schweigt. Wäre Gehen nicht lebensmüder, eine Kapitulation, ein Schuldeingeständnis?

„Wir können ihn nicht sich selbst überlassen“, fährt Lukas fort.

„Für unmündig erklären aber auch nicht“, sagt Benno, der zu ihnen getreten ist.

„Wir nehmen ihn einfach mit“, sagt Benno.

„Das geht nicht“, widerspricht Lukas. „Das ist Entführung oder so.“

„Aber die anderen gehen auch“, beharrt Benno.

Vor einigen Monaten ist ein Team aus Wissenschaftlern und Technikern angereist, das Seismographen, GPS-Sensoren, Lasermessgeräte und Videokameras installiert hat, um die geologischen Bewegungen von Gestein und Sediment zu messen. Schon seit Jahren wird der Plan der Gemeinde erarbeitet und wieder und wieder verfeinert, doch die Dauer der Ausarbeitung steht in keinem Verhältnis zum wenig spektakulären Ergebnis: Der Ort muss evakuiert werden. Der gefrorene Boden unter dem schmelzenden Eis wird immer instabiler, jederzeit drohen Erdrutsche und Bergabgänge. Zu langes Zögern begräbt nicht nur das gesamte Dorf, sondern auch dessen Bewohner unter einer Flutwelle aus Wasser, Schlamm und Gesteinsbrocken. Lange war dieses Unheil verdrängt und verschoben worden. Man war sich sicher, bis zum entscheidenden Zeitpunkt schon eine Lösung gefunden zu haben, schließlich war es noch nicht so schlimm. Die Verwaltung hoffte, das Problem löse sich eines Tages von selbst. Jetzt ist es unausweichlich geworden.

„Wir sind zu spät“, sagt Benno. „Wir hätten das früher machen müssen.“

Tilman weicht den Blicken der anderen aus, will nicht sehen, dass sie dasselbe denken: Macht es jetzt noch einen Unterschied?

Und dann ist da ein Vierter bei ihnen, ihr Vater: „Berge schmelzen wie Wachs vor dem Herrn, vor dem Antlitz des Herrschers aller Welt.“

„Psalm 97,5“, murmelt Tilman und sein Vater sieht ihn kurz an, als habe er in der Erziehung doch etwas richtig gemacht.

„Es ist nicht einfach, Gott zu sein“, sagt Benno.

Zu viert starren sie auf das Gebirge, schweigend in ihrer geteilten Andacht.

„Die Menschen brauche ich nicht. Die Bergadler werden mir fehlen.“ Sein Vater lächelt ein trauriges Lächeln, dreht sich um und trottet zurück ins Haus, seinem Sessel entgegen.

Diesem Ort hat sein Vater sein Leben geopfert. Plötzlich versteht Tilman, dass er ihm deshalb auch sein Sterben überlassen will. Tilman erinnert sich an früher, an die Tage, an denen das Haus dunkel war, Fenster und Fensterläden geschlossen, nur ein schmales Goldband aus Sonne zwängte sich durch den Schlitz im Holz der Wohnzimmerwand. In diesen Wochen verließ sein Vater das Schlafzimmer nicht, Tilmans Mutter übernahm das Regime über den Hof. Sie als Kinder hatten sich ruhig zu verhalten, kein Geräusch durfte ihnen entweichen, sodass Tilman so lange den Atem anhielt, bis er hinausgeschlichen war und in den Wäldern und Steilhängen verschwand. Als Kind ist er sich fantasiebegabt vorgekommen, sich die Berge als Riesen vorzustellen, bis er die Metapher überall gelesen hat. Jetzt auf einmal liegt Trost in dieser Gemeinsamkeit: Kondensat einer genuin menschlichen Erfahrung, die Kulturen vereint, sich jedoch in der Zuschreibung von Güte und Bösartigkeit unterscheidend. Hier sind die Berge weder gut noch böse, sondern nur voller Traurigkeit. Jetzt, wo sie sich langsam auflösen, will er sie plötzlich festhalten.

„Ich bleibe hier.“ Ehe er darüber nachdenken kann, entwischt der Satz Tilmans Lippen. Er spürt die Blicke seiner Brüder, die ihn ansehen, als wäre sein Verstand den Hang hinuntergefallen. Er selbst fühlt sich so. Trotzdem steht sein Entschluss fest.

„Bist du sicher?“, fragt Benno.

Tilman schweigt. Ihm sind die Worte ausgegangen, ausgebüxt wie ungezogene Haustiere. Tilman nickt. Benno zieht die Brauen zusammen, wendet seinen Blick den felsigen Gebirgsketten zu. Irgendwann nickt auch er, scheint zu verstehen, dass Tilman der Richtige von ihnen ist, weil er schon seit seiner Kindheit weiß, was ihr Vater noch immer verdrängt: Die Berge gehören ihm nicht, er gehört ihnen.

RAIDER

ULRIKE EGGERT

Ich muss ein Raider kaufen. Heidemarie hat das zwar sicher nicht auf den Einkaufszettel geschrieben, aber ich kaufe trotzdem eins. Für Sabine. Irgendwie tut es mir doch leid. Aber sie provoziert mich ja auch immer wieder, eine freche Göre ist das! Und dann rutscht mir halt die Hand aus und es setzt was. Heulend ist sie aus dem Haus gerannt, mit ihren fünfzehn Jahren. „Ich hasse dich!", hat sie geschrien. Nur weil ich ihr verboten habe, nach Brokdorf zu fahren. Atomkraft, nein danke, was für ein Blödsinn! Demonstrieren wollte sie, mein Kind auf einer dieser Demos, zusammen mit diesen langhaarigen linken Bombenlegern! Das wäre ja noch schöner! Frech ist sie geworden, Widerworte hat sie gegeben und ja, dann habe ich ihr eine geknallt. Ich bin ihr Vater, ich trage die Verantwortung!

Ich kaufe ihr ein Raider. Wo ist denn nur die Abteilung mit den Süßwaren? Ich finde mich gar nicht mehr zurecht beim Kaufmann, dauernd sortieren die alles um. Was das nur soll? Und wo ist Heidemaries Einkaufszettel? Ich bleibe stehen und durchsuche meine Taschen. Ich hatte ihn doch eingesteckt, ganz sicher. Heidemarie schreibt mir einen Einkaufszettel und ich gehe dann einkaufen, so machen wir das immer. Sie ist eine gute Hausfrau, sie plant die Einkäufe für die ganze Woche.

„Könnten Sie vielleicht ein bisschen zur Seite gehen?"

Da ist schon wieder einer dieser Menschen mit diesen merkwürdig anmutenden Stöpseln in den Ohren, als ob da eine weiße Kaulquappe im Gehörgang steckt. Ich begreife nicht, was das ist. Sabine werde ich das nicht erlauben, egal, wofür das gut sein soll. Neumodischer Kram. Vielleicht gehe ich am Wochenende mit Sabine an den See, Kaulquappen fangen.

Ich muss ein Raider kaufen. Das mag sie so gerne.

Mir tun die Knie weh. Ich brauche eine Pause. Ich blicke mich suchend um, ob ich mich wohl irgendwo hinsetzen könnte. Ich stöhne, aber nur ganz leise, ich bin ja kein Schwächling.

„Geht es dir gut?" Eine fremde junge Frau ist aufgetaucht und blickt mich fragend an. Ich starre zurück. Was will die von mir? Und wieso kommt sie auf die Idee, mich einfach zu duzen? Heutzutage wird man ungefragt geduzt, überall. Eine Frechheit ist das, die Leute haben kein Benehmen mehr!

„Hier, du kannst dich ein bisschen am Einkaufswagen abstützen."

Sie schiebt mir einen Einkaufswagen vor die Nase. Ich weiß nicht, was das soll. Ich stütze mich ein wenig auf den Griff des Wagens, nur ganz vorsichtig, aber es hilft. Ich werfe einen Blick hinein. Was diese Frau alles kauft! Ich schüttle den Kopf. Bunt verpackte Sachen, alles in Plastik, das ist doch kein Essen. Heidemarie hat bestimmt Kartoffeln aufgeschrieben, für Salzkartoffeln oder Kartoffelsalat. Ich greife nach einer der Packungen im Wagen und halte sie unter die Lupe am Griff, die Schrift ist so schrecklich klein. „Seitan" steht da drauf. Was soll das sein? Ich verstehe es nicht.

Die Welt verändert sich und ich verstehe es nicht.

Was war? Achja, ich muss ein Raider kaufen. Für Sabine. Langsam schiebe ich den Wagen vor mir her. Meine Knie schmerzen beim Laufen, jeder Schritt tut weh. Ich bin an der Kühltheke. Da liegt eine Packung Bockwürste, das ist gut, die nehme ich mit. Dann kann Heidemarie Würstchen und Kartoffelsalat machen. Das mag Sabine so gerne und ich auch.

Wenn ich doch nur den verflixten Einkaufszettel finden würde!

„Bockwürstchen? Was soll das denn? Wir essen doch schon lange kein Fleisch mehr!"

Jemand ist neben mir erschienen, greift einfach in meinen Einkaufswagen und nimmt die Würstchen heraus. Ich glaube, es ist die fremde Frau von eben.

„Entschuldigen Sie bitte, aber was maßen Sie sich an? Das ist mein Einkaufswagen und ich kaufe, was ich will!" Jetzt bin ich aber wirklich erzürnt. Ich greife wahllos ins Regal und nehme irgendetwas, das lasse ich mir nicht bieten! Ich entscheide hier, ich trage die Verantwortung!

Die fremde Frau steht ein paar Meter weiter und spricht mit einer Verkäuferin. Sie blicken zu mir, offensichtlich reden sie über mich. Frechheit! Sie hat aber schöne blonde Haare, die fremde Frau. So wie meine Heidemarie und wie Sabine. Eigentlich. Wenn sich dieses Gör nicht die Haare knallrot gefärbt hätte. Das ist so peinlich! Die Nachbarn gucken doch, wenn sie das sehen und sie reden. Natürlich habe ich geschimpft, natürlich bin ich laut geworden! Heidemarie sagt, ich soll das Kind machen lassen. Aber das geht doch nicht! Und dann habe ich sie gezwungen, diese grässliche Farbe rauszuwaschen, natürlich. Entweder wäschst du dir jetzt so lange die Haare, bis dieser Mist da raus ist, habe ich gesagt, oder ich schneide dir eigenhändig die Haare ab. Ich trage doch die Verantwortung! Wo kommen wir da hin! Ich musste tatsächlich die Schere holen, damit sie es geglaubt hat, eine Frechheit. Mit der Schere in der Hand musste ich daneben stehen, während Heidemarie ihr über der Badewanne die Farbe aus den Haaren gewaschen hat, so weit hat sie mich gebracht. Wie Blut sah das Wasser aus, hellrotes Blut, das in einem dünnen Rinnsal zum Abfluss lief. Noch ein leichter roter Schimmer ist übrig geblieben, schlimm genug, aber das habe ich ihr durchgehen lassen. Das Geheule war so schon fürchterlich.

Ich schiebe den Wagen weiter, ganz langsam. Da steht die blonde Frau von eben, vorne im Gang. Sie hat ein Kind bei sich, lächelt und streicht ihm über die Haare.

Ich habe Sabine schon lange nicht mehr in den Arm genommen.

Aber das ist ja auch kein Wunder, bei dem frechen Gör. Sie zwingt mich ja, sie braucht wirklich jemanden, der ihr die Grenzen aufzeigt.

Was wollte ich? Ach ja, ein Raider. Da ist eine Verkäuferin, endlich.

„Entschuldigen Sie bitte, junge Dame", sage ich, „wo finde ich denn ein Raider?"

„Wie?" Sie starrt mich verständnislos an. „Was ist das denn?"

„Na, Raider", sage ich. „Das ist ein Schokoladenriegel, das müssen Sie doch kennen. Für meine Tochter."

„Ne, tut mir leid, das haben wir nicht."

„Er meint Twix." Die fremde Frau ist schon wieder erschienen. Die kann mich auch nicht in Ruhe lassen. „Twix hieß nämlich früher mal Raider. Ist lange her."

„Ach so, Twix." Die Verkäuferin lacht. „Das ist im nächsten Gang, bei den Süßigkeiten."

„Nein!", beharre ich und ich merke, dass ich laut werde. „Ich will kein Twix kaufen. Ich weiß nicht, was das ist. Ich brauche einen Raider-Schokoriegel, das habe ich doch deutlich gesagt!"

Mein Atem geht schneller, ich bekomme kaum noch Luft. „Ich muss ein Raider kaufen! Für meine Tochter!"

Warum verstehen die mich denn alle nicht? Was ist nur los mit dieser Welt? Mein Herzschlag dröhnt in meinen Ohren. Der Einkaufswagen fühlt sich wackelig an, ich blicke hinab und sehe, dass meine Hände zittern.

Die fremde Frau legt mir eine Hand auf den Arm und streichelt mich ein bisschen.

„Ist schon gut. Wir gehen da mal gucken. Vielleicht finden wir ja ein Raider. Oder wir nehmen dann doch ein Twix mit, das sieht fast genauso aus. Und es schmeckt auch so."

Ich nicke heftig. „Ich brauche wirklich ein Raider, das ist wichtig. Für Sabine! Weil ich sie geschlagen habe, heute früh."

Die fremde Frau blickt mich an und ihr läuft eine Träne über die Wange. Was sie nur hat? So laut bin ich doch nun gar nicht geworden!

„Okay", sagt sie. „Wir suchen das jetzt. Und dann gehen wir zur Kasse und fahren nach Hause, Papa."

VATER

MASCHATA DIOP

„Dein Vater ist krank. Komm!" Khadija starrt auf die Mitteilung auf dem Display ihres Handys. Maimouna. Die Freundin aus dem Dorf, die den Sohn des Imams geheiratet hat, nach der Hochzeit rasch schwanger geworden ist: Zwillinge! Zwei gesunde Söhne. Alhamdulillah, Maimouna! Die, die nun keine Zeit mehr hat, sie in der Stadt zu besuchen.

Maimouna, die vor zehn Jahren, „Khadija!" gesagt hat. „Khadija, kannst du aufstehen? Komm, ndang, ndang rek. Aber langsam!" Khadija erinnert sich genau. Maimouna hat ihre Arme um ihren Hals gelegt und ihr geholfen, sich vorsichtig aufzusetzen. Hat ihr die geschwollene, aufgeplatzte Lippe mit einem nassen Tuch befeuchtet, ihr das Blut von Schläfe und Stirn getupft. Und von den Ellbogen und den Knien. Alle ihre Gliedmaßen abgetastet, behutsam. Kein Knochen schien gebrochen, aber die Haut voller Striemen, das linke Auge zugeschwollen. „Komm. Komm mit mir! Komm zu mir!" Maimouna hat sie zart umarmt, an der Hand genommen. Hochgezogen von der dünnen Matratze auf dem Boden. Schritt für Schritt aus dem Haus ihres Vaters geführt.

Es war nicht das erste Mal, dass ihr Vater so nach Hause gekommen ist, mit glasigen Augen, aus Mund und Kaftan nach Palmwein stinkend. Seit dem Tod seiner ersten Frau vor zwei Jahren ist aus dem gleichmütigen Mann ein unglücklicher geworden. Er ist aus dem Gleichgewicht geraten, hat sich am Türrahmen abgestützt, hat sie wortlos angesehen und ihr mit der Faust mitten ins Gesicht geschlagen. Khadijas Stiefmütter haben sich auch an diesem Abend wieder zu Nachbarinnen geflüchtet. „Du bist eine Hexe! Die Leute im Dorf haben Recht!“, hat der Vater geschrien. Immer wieder: „Du hast deine Mutter umgebracht! Du hast ihre Seele gegessen, und ich werde sie wieder rausprügeln aus dir.“ Es war nicht das erste Mal, aber das letzte Mal, dass sie ihn so gesehen hat, denn sie ist Maimouna gefolgt.

Wie lange sie nach den Prügeln krank auf ihrem Lager lag, daran erinnert sich Khadija nicht mehr. Aber an die Grashütte ihrer Freundin: den Wind, der durch Wände und Dach sanft über heilende Haut strich, an das Meckern der Ziegen und deren strengen Geruch.

Später dann brachte Maimouna sie zu ihrer Tante in die Stadt. Mame war eine freundliche Frau, die keine Fragen stellte, ihr ein Bett und zu essen gab. Khadija ging ihr im Haushalt zur Hand – und zur Schule. Mame gab ihr Geld für Hefte und Stifte. Khadija frittierte und verkaufte süße Hirsebällchen, erwarb vom Erlös Bücher aus zweiter Hand, lernte nachts. Maimouna kam sie in der Stadt besuchen. Sie feierten gemeinsam den Beginn der Fastenzeit und Gammu, den Geburtstag des Propheten, in Mames rosa ausgemaltem Zimmer, das so wundersam nach ihrem Thiouraye, ihrer ganz speziellen Weihrauchmischung, roch.

Und Maimouna erzählte Geschichten aus dem Dorf, Klatsch und Tratsch. Kein Wort über Khadijas Vater. Hielt ihre Hand und Mames Hand dabei. So warm und weich, kräftig und fest.

Doch Maimouna kommt nicht mehr. Schickt Fotos per WhatsApp. Lachend. Glücklich. Mit ihren Kindern. Bald werden es mehr sein. Ihr Mann liebt sie. Maschallah! Die Buben werden in die Koranschule gehen, Inshallah! Für Mädchen gibt es keine Schule im Dorf.

In der Stadt schaffte es Khadija auf das Lycée, die Lehrer wollten Geld für gute Noten. Oder Sex. Khadija hatte kein Geld und wollte nicht mit Sex bezahlen. Bekam dafür Prügel von den Lehrern. Sie bestand die Matura, ging zur Universität und studierte Jus. Sie betete fünf Mal am Tag, dankte Allah. Sie arbeitete in der Frühschicht in der Bäckerei Dorée in Sicap Liberte, in der Nähe der Uni. Sie liebte den Duft der frischen Brote und Lamine, den jungen Kunststudenten, dem sie nichts davon erzählte. Ihre Augen strahlten, wenn sie ihn sah. Seine Lippen bildeten einen zart geschwungenen Brückenbogen. Er lächelte sie an, nahm sein Baguette, zahlte und ging. Und kam jeden Morgen wieder. Pünktlich um 8.45 Uhr. Sie war ihm zum ersten Mal bei einer Sammelausstellung von Kunststudierenden am Uni-Campus begegnet. Er stand vor seinem Gemälde, eine graue Stahlbrücke, das Wahrzeichen von St. Louis, sprach über die Liebe zu seiner Heimatstadt. Und über sein Ziel, die Atmosphäre in den Straßen und Gassen in seinem Werk festhalten zu wollen – in allen nur erdenklichen Stilrichtungen. Die Leidenschaft für sein Tun, das aus dem Bild und seinen Worten sprach, hatte sie fasziniert. So sehr, dass sie es wagte, vor ihn hinzutreten und ihm zu gratulieren. Sie wechselten ein paar freundliche Worte, schon standen andere vor ihm. Doch am nächsten Morgen erkannten sie einander sofort, als er die Bäckerei betrat. Sein fröhliches „Bonjour, ça va?“ machte sie jeden Morgen glücklich.

Seit einigen Tagen begleitet ihn eine dezent geschminkte Studentin in eleganten, eng an den Leib geschneiderten Kleidern. Khadija lächelt sie an, wie sie jede Kundin anlächelt. Yalla bachna. Gott ist gut. Er weiß, was gut ist für sie. Und für den Kunststudenten Lamine.

Mame ist stolz auf sie. Freut sich, wenn sie abends heimkommt. Nimmt sie in die Arme. Und geht. Zu Gott. An einem ersten Mai findet Khadija sie morgens tot im Bett.

Mames Neffen kommen und nehmen alles mit, was sie in dem Zimmer finden, auch Khadijas Kleider. Ihre Lernunterlagen lassen sie auf dem Boden verstreut liegen. Santa Yalla! Gott sei gedankt. Khadija bewirbt sich um einen Platz im Studentenheim, eine Tutorin hilft ihr dabei, sie hat Glück, bekommt ein Bett in einem kleinen Doppelzimmer. Eine Lehrerin schenkt ihr ein paar abgelegte Kleider.

Die Regenzeit beginnt früh, die Zimmerwände schimmeln. Der Strom fällt aus, aber Khadija besteht alle Prüfungen. Alle. Mit Auszeichnung. „Warum denn um Himmels willen Jus?“, fragt Lamine, der Kunststudent, den sie liebt und der davon nichts weiß. „Ach Lamine! Gott ist gerecht! Aber sind es die Menschen?“

Der Ventilator surrt. Durch die dünnen Wände ihres Zimmers im Studentenheim dringt glucksendes Lachen. Khadija legt ihr Mobiltelefon zur Seite, nimmt die Gebetskette zur Hand. „Oh Allah!“

„Was ist?“ fragt ihre Studienkollegin, die auf dem Bett gegenüber sitzt. Schaut Khadija kurz von der Seite an. „Mein Vater ist krank. Er braucht mich. Ich fahre ins Dorf!“, sagt Khadija.

VERGRIFFEN

KARL TSCHURTSCHENTHALER

um acht wollten wir fahren, morgens um acht, ich hatte in der Nacht kaum ein Auge zugebracht vor Aufregung, als ich ohne Weckruf in die Küche trat, fertig angezogen, warf mir die Mutter einen ungläubigen Blick zu, sie schnitt gerade Wurst auf, für den Proviant, ich schob die zwei Brote, jedes in ein Blatt Papier gewickelt, und eine Flasche Saft in den Rucksack, zu den wenigen Dingen, die die Mutter eingepackt hatte, Wechselwäsche, Toilettensachen, ein Handtuch, Hände und Gesicht solle ich mir waschen, gründlich, sagte sie, morgens und abends, auch die Achselhöhlen, damit ich nicht stinke nach Schweiß

die Mutter zeichnete mir ein Kreuz auf die Stirn, als ich ging, und küsste mich auf den Mund, ich hasste das, wischte mir über die Lippen, ich war kein Kind mehr, ich lief durch die Straßen des Dorfes und war viel zu früh da, als es vom Kirchturm her acht Mal in den wolkenlosen Himmel schlug, stand ich schon eine ganze Weile vor dem Haus, immer wieder warf ich einen Blick zum Fenster im ersten Stock hinauf, hinter dem der Herr sein musste, ich kannte sein Zimmer, der Fensterblick ging zur Wiese, wo ich wartete, zur Wiese mit den Apfelbäumen, Gravensteinern, deren Früchte nie reiften, weil der Winter jedes Jahr zu früh kam

die Vorhänge hinter dem Fenster waren zugezogen, auch als die Uhr die erste Viertelstunde nach acht schlug, tat sich nichts, ich wartete, rührte mich nicht von der Stelle, tanzte von einem Fuß auf den andern, die Zeit verging kaum, um halb neun trat eine Frau aus dem Haus, klein, älter, mager, besorgniserregend mager, was ich da mache, fragte sie, dass ich auf ihn warte, antwortete ich, er schlafe noch, sagte sie, ich glaubte ihr nicht, wir wollten doch fahren, ins Unterinntal, der Herr sei kein Umgang für mich, sagte sie, kein Umgang, ich solle nach Hause gehen, ich sagte nichts, blieb stehen und starrte auf den Boden vor mir, da ging sie irgendwann wieder

nach neun kam er, endlich, ein verschlafener Gang, die Beine zog er hinter sich her, das Tageslicht blendete ihn, er musste blinzeln, rieb sich die geröteten Augen, gestern sei es spät geworden, sagte er und lächelte seltsam, er habe nicht mehr daran gedacht, was wir ausgemacht hatten, kein Wort, dass es ihm leidtue, was die Frau gesagt hatte, dass er kein Umgang für mich sei, kam mir in den Sinn

er brauche noch einen Augenblick, sagte er, und verschwand wieder, mir war komisch zumute, trotzdem wollte ich fahren, seit Langem hatte ich mich darauf gefreut, hatte mir die Zeit, die vor mir lag, vor uns lag, in den schönsten Farben ausgemalt, ich war gerne unterwegs, liebte Neues, endlich startete er seinen roten Fiat, ein altes Modell mit Rostflecken an den Türen, der Motor klapperte

über Lienz und den Felbertauern erreichten wir das Unterinntal, ein kleines Dorf, ein kleines Haus, eine befreundete Familie, wie er sagte, die Fahrt war weniger schön gewesen, einmal hatte er abrupt anhalten müssen, war aus dem Wagen gesprungen und hatte sich übergeben, später, als ich ein Brot hervorholte, befahl er lautstark, es wegzupacken, sofort, ihm sei speiübel, die Wurst stinke, sonst müsse er wieder kotzen am Nachmittag machten wir einen Spaziergang am Inn entlang, der Herr und ich und der Sohn der Familie, dieser war drei, vier Jahre älter als ich, vielleicht fünfzehn oder schon sechzehn, wir sprachen wenig, es war warm, angenehm warm, der Sohn trug ein knappes T-Shirt, als er die Arme hochwarf, um sich an den Ast eines Baumes zu hängen, sah ich seine behaarten Achselhöhlen

abends, als ich im Bett war, ich lag auf dem Diwan im Wohnzimmer, für den Herrn hatte man das Gästezimmer hergerichtet, kam er und setzte sich zu mir, es sei ihm unangenehm, sagte er, aber er müsse mir in die Hose greifen, müsse ertasten, wie böse meine Gedanken untertags gewesen waren, er habe es der Mutter versprochen, dass er sich um mein Seelenheil kümmern werde, um mein Seelenheil, mir wurde heiß, mir wurde kalt, ich wollte das nicht, wusste aber, dass es geschehen werde, er tue es ungern, wiederholte er sich, aber es müsse sein, als geistlicher Herr habe er diese Aufgabe, am Glied könne er alles ablesen und so die Länge des Abendgebetes bestimmen, um das Böse abzuwaschen, plötzlich wurde er gerufen, die Frau rief ihn, dann auch der Mann, ein Korken knallte, eine Flasche Wein, dachte ich, er komme, antwortete er, und ließ von mir ab, heute das übliche Abendgebet, sagte er und ging

ich schlief schlecht, träumte viel, kam morgens nur schwer hoch, er hingegen saß gutgelaunt am Frühstückstisch, verkündete lautstark, dass wir einen Ausflug nach Kufstein machen wollten, zur Festung hinaufsteigen, die Stadt besichtigen, eine schöne Stadt, und heute bei diesem Kaiserwetter sei sie noch schöner, sagte er, ich freute mich

so wie ich mich gefreut hatte, als mich der Herr das erste Mal auf sein Zimmer im Widum einlud, ich war der Leiter der Ministranten, wir hätten Wichtiges zu bereden, sagte er und sperrte hinter mir die Tür ab, er müsse mir den Bruderkuss zeigen, ein großes Zeichen in der Kirche, ich solle mich aufs Bett legen, ich war verwirrt, gehorchte trotzdem, verschränkte die Arme über der Brust, es war der einzige Schutz, der mir einfiel, er legte sich neben mich, begann mich auf die Wange zu küssen, dann auf den Mund, anders als die Mutter, es ekelte mich, er roch nach Schweiß, die Bartstoppeln kratzten, sein Atem stank, ich ließ es trotzdem geschehen, war wie gelähmt, es müsse wohl sein, dachte ich, ich wäre gewiss noch zu jung, um das Zeichen zu verstehen

immer wieder war ich in seinem Zimmer, bald musste ich mich auf ihn legen, ich spürte sein geschwollenes Glied unter mir, er schob mir seine Zunge in den Mund, dass es mich würgte, ich drehte mich weg, wollte ihm entkommen, ich müsse nach Hause, log ich, Mutter warte auf mich, er werde das schon regeln, keine Angst, sagte er und machte weiter, ich ließ es wieder geschehen, und wieder, hatte ihm nichts entgegenzusetzen, jedes Mal danach schloss ich mich daheim im Bad ein, weinte und wusch lange das Gesicht, die Wangen, den Mund

trotzdem folgte ich ihm weiterhin auf das Zimmer, ich wusste nicht warum, vielleicht, weil ich mich so sehr nach einem väterlichen Freund sehnte, ein Glück, um das ich andere beneidete, Vater war tot, schon lange, und die Küsse und die Griffe in die Hose waren eben der Preis dafür, man bekomme im Leben nichts geschenkt, den Muttersatz hörte ich von klein auf

wir fuhren nach Kufstein, stiegen zur Festung hinauf, mussten bald aber wieder gehen, für die Stadt blieb keine Zeit, er müsse zurück, sagte er, müsse am Nachmittag mit dem Sohn der Familie etwas erledigen, etwas Wichtiges, wir kamen noch rechtzeitig zum Mittagessen ich solle im Haus bleiben oder im Garten, sagte er, dann waren sie fort, ich saß da und dort, langweilte mich, ging hinunter zum Inn, ich kannte den Weg vom Vortag, warf Steine ins Wasser, sie versanken schnell, ich setzte mich ins Gras, fast lautlos schob sich der Fluss vorüber, in den Weiden am Ufer dösten sommermüde Vögel, ich legte mich hin, die Arme als Kissen unter den Kopf geschoben, ich verlor mich im Himmel, sah die wenigen Wolken, die Sonne schien warm, ich musste eingeschlafen sein, denn als ich wieder in den Himmel sah, war er bedeckt, es fröstelte mich, ich spürte die Nässe des Bodens an Hintern und Rücken, ich sprang auf und lief zurück, hoffte, dass er noch nicht da war

er war da und schimpfte fürchterlich, schrie etwas von Verantwortung, die er für mich trage, er habe mir doch verboten, Haus und Garten zu verlassen, ich duckte mich unter den Worten weg, erst als mir Tränen über die Wangen liefen, ließ er es bleiben, schob nach einer Weile noch ein paar verärgerte Sätze nach und schickte mich ins Wohnzimmer, zur Strafe, ich solle dort warten, bis er mich rufe

er rief mich zum Abendessen, ich aß wenig, stocherte im Teller, bis er mich wieder wegschickte, ich solle mich hinlegen, später kam er und vergriff sich wortlos an mir, so als gehörte ich ihm, mit einer Hand, die andere vergrub er in seiner Hose, er atmete schwer, während er mich berührte, ich hielt still, war erstarrt wie eine Beute, dann ordnete er ein langes Abendgebet an und ging

anderntags, es war Sonntag, besuchten wir die Messe, der Herr, ich und die Familie, auch der Sohn war dabei, dieser blieb auf dem Weg aber ein Stück hinter uns, ich wandte mich immer wieder zu ihm um, er sah traurig aus, in der Kirche wirkte er verschreckt, so als habe er schlecht geträumt, bei der Kommunion blieb er sitzen, die Familie warf ihm vorwurfsvolle Blicke zu

auf dem Rückweg ließ ich mich zu ihm zurückfallen, während die anderen vorne lauthals sprachen, die Arme durch die Luft warfen und lachten, gingen wir stumm nebeneinander her, endlich fragte ich ihn, ob es ihm gut gehe, er sagte nichts, ich fragte noch einmal, diesmal lauter, da hielt er an, ich ebenso, und schaute mich an, ich sah, dass er geweint hatte, er blieb stumm, erst als er weiterging, sagte er etwas vor sich hin, fast beiläufig, die wenigen Worte fielen vor ihm auf den Weg, ich hoffe, sagte er, dass er die Dinge, die er mit mir macht, nicht auch mit dir macht, sagte er, ich verstand nicht, was er meinte, was es war, das er mit ihm tat, musste er ihn am Glied nehmen, was mir der Herr angekündigt hatte, dass es geschehen werde, wenn ich reif dafür sei, genauso hatte er es gesagt, wenn ich reif dafür sei, oder waren es andere Dinge, von denen ich keine Ahnung hatte, es war der einzige Satz, den er sagte

auf der Heimfahrt nach dem Essen sprach ich kaum ein Wort, nur das Nötigste, meine Blicke irrten durch die Landschaften, das Wetter hatte umgeschlagen, die Nebel hingen tief in den Tälern, die wir durchfuhren, immer wieder regnete es, einmal so stark, dass der Herr die Scheibenwischer auf die höchste Stufe schalten musste, die Straße verschwamm vor uns, er umklammerte das Lenkrad mit beiden Händen und verlangsamte die Fahrt, es sei doch schön gewesen, sagte er, als der Regen nachgelassen hatte, ja, antwortete ich, und nach einer Weile fügte er an, er werde der Mutter nichts sagen von meinem Ausflug an den Inn, ich war erleichtert, dafür habe er aber etwas gut bei mir, sagte er und lachte, was er damit meinte, ahnte ich nicht

DIE VIERTE SUPPE

ANITA HETZENAUER

Die Freiheit schmeckte nach nichts, denn unablässig knurrte Josefs Magen. Seinen beiden Gefährten ging es nicht besser, das konnte er hören, wenn er nah genug neben einem von ihnen herging. Sie waren keine Freunde, nur ein vom Zufall zusammengewürfeltes Grüppchen mit demselben Ziel: heim nach Österreich. Hunderte Kilometer wohnten die drei voneinander entfernt, doch wer in Mannheim aus dem Zug gespuckt und sich selbst überlassen wurde, fand schnell etwas Verbindendes, selbst wenn es sich nur um 400 Kilometer gemeinsamer Reise nach Südosten, immer stur nach Südosten, handelte.

Die drei Männer kamen langsam voran. Die letzten Monate hatten ihre Muskeln aufgefressen, ihre Wangen einfallen lassen und die leeren Mägen schafften es immer wieder, die Beine in die Knie zu zwingen.

Seit ein, zwei Stunden schon schwiegen die Kameraden. Bald würden sie irgendwo um etwas zu essen bitten müssen, und der Gedanke daran ließ sie regelmäßig verstummen. Betteln. Zum ersten Mal in ihrem Leben mussten sie die Hand aufhalten, auf die Warmherzigkeit von Fremden hoffen. Jede mit kalten Augen wortlos zugeworfene Tür verlieh ihren Hemmungen Flügel, jedes Klopfen, dem nur ein Vorhangrücken folgte, schnitt ein Stück aus ihrem Mut.

„Wie wäre es mit dem da rechts?", brach schließlich der Steirer das Schweigen.

Alle drei blickten zu dem kleinen Hof hinüber, der sich unter eine windgebeugte Linde duckte.

Eine Handvoll Kühe und ein Ochse grasten auf dem Anger, ein Hahn krähte.

Das Haus sah ärmlich, aber nicht arm aus, deshalb nickte Josef und auch der Salzburger stimmte zu. Obwohl sich alle einig waren, bogen sie nicht auf den Schotterweg, der dorthin führte, sondern sie blieben stehen, weil der Steirer sich den linken Stiefel neu schnüren musste.

Doch auch danach zögerten sie noch. Josef tastete nach Zigaretten, in der Hoffnung, er könnte durch Zufall vielleicht eine übersehen haben, und der Salzburger putzte seine Brille.

Josef öffnete schließlich seinen Rucksack und holte die dunkelgrüne Mostflasche heraus, die ihnen tags zuvor ein Mann gegeben hatte, der im ersten Krieg in Russland herausfinden hatte müssen, wie gut die Russen zurückschießen konnten.

„Sollen wir?"

Die anderen nickten und vielleicht kam es ihnen nur so vor, doch mit einem tüchtigen Schluck Most auf nüchternen Magen wuchs der Mut und die Scham schrumpfte zusammen. Mit leicht geröteten Wangen machten sie sich auf den Weg zum Haus. Alle paar Meter mussten sie einem Schlagloch ausweichen oder in der Wegmitte gehen, wo ein durchgängiges Grasband erkennen ließ, wie wenig Verkehr hier herrschte.

Eine Frau, nicht mehr jung und noch nicht alt, kam aus dem Haus. Ihre schmale Gestalt bog sich unter dem Gewicht der blechernen Wanne voller Wäsche, die sie auf ihrer Hüfte trug. Erst als sie das dritte Stück aufhängte, schien sie die Männer zu bemerken, die auf sie zukamen, denn sie erstarrte für einen Moment, bevor sie mit ihrer Arbeit fortfuhr.

„Du bist dran mit dem Fragen", stellte der Steirer fest und sah Josef auffordernd an.

„Beim letzten Mal haben wir Glück gehabt, als du gefragt hast." Josef erwiderte den Blick. Er erwartete keine Antwort und erhielt auch keine, doch als sie in Hörweite der Frau kamen, verlangsamten die beiden anderen ihr Tempo und ließen sich ein, zwei Meter hinter Josef zurückfallen. Inzwischen hing die gesamte Wäsche schwer an der Leine. Einzelne Wassertropfen perlten auf den Boden. Die Frau stand mit dem leeren Wäscheschaff unter dem Arm abwartend da.

„Entschuldigung, dürften wir um etwas zum Essen bitten?" Josefs Stimme zitterte und er hasste sich dafür. Er setzte an, um zu erklären, was ihre längt nutzlos gewordenen Uniformen ohnehin verrieten, nämlich dass sie frei gelassene Kriegsgefangene seien, aber da wurden die Lippen der Frau schmal und sie drehte sich brüsk zum Haus.

Josef ließ seine Schultern hängen und er spürte die Enttäuschung seiner Begleiter. Sie wollten sich zum Gehen wenden, da deutete ihnen die Frau, ohne sie anzuschauen, mit der freien Hand und sagte: „Kommt mit!"

Es klang eher abweisend als einladend, dennoch folgten sie der Frau ins feuchtkühle Haus. Eine Pendeluhr tickte laut und an der Wand hing ein Hochzeitsfoto, auf dem sich nur mit viel Fantasie die Frau mit den verhärmten Gesichtszügen erahnen ließ. In der Küche wies die Frau sie an, am Tisch Platz zu nehmen, auf dem ein hölzernes Fässchen mit der Aufschrift „Salz" stand.

Wortlos schenkte sie jedem einen Krug mit Wasser voll, das nach stark verdünntem Hollersirup schmeckte, bevor sie an ihren Holzherd trat und ein paar Weichholzscheite auf die Glut legte.

Sie nahm einen Topf aus der Kredenz und gerade als sie ihn auf die gusseiserne Herdplatte stellte, erklang ein seltsamer Laut. Josef sah, wie die Frau zusammenzuckte, und einen Moment lang dachte er, sie habe sich gebrannt, doch ihre Haut war unversehrt. Eine halbe Minute später ertönte ein

Geräusch, das wie eine Mischung aus einem Hundejaulen und einem Katzenmiauen klang. Die Männer wechselten irritierte Blicke und Josef kam es so vor, als klapperte die Frau besonders laut mit ihrem Kochgeschirr, um durch ihren Lärm die anderen Geräusche zu verdecken.

Wieder erfüllte ein Jaulen den Raum, von dem Josef eine Gänsehaut bekam. Unwillkürlich schielte er zur Tür, warf einen Blick auf die Fensterverriegelung und das Gemüsegärtchen davor. Die Laute klangen sehr nah, vermutlich kamen sie aus dem Nachbarraum, den eine Durchreiche mit der Küche verband. Josef fragte sich, wer oder was so schauerlich klingen konnte. Ihm mochte kein Tier einfallen, nicht einmal eines in Todesangst. Ob ein Mensch diese unmenschlichen Töne von sich geben konnte? Sofort hatte er wieder die Schmerzensschreie der Verwundeten in all ihren Variationen im Ohr und die anderen, dunkleren, der Sterbenden. Aber das hier klang anders.

Die Frau schnitt Kartoffeln, Kräuter und anderes Gemüse mit unnachahmlicher Geschwindigkeit klein und warf alles in den Suppentopf, als gäbe es für schnelles Kochen einen Preis zu gewinnen.

Ein paar Minuten lang herrschte plötzlich Stille, weshalb sich die Schultern der Frau zu entspannen schienen. Ihr Arbeitstempo verlangsamte sich und ohne Eile schnitt sie dicke Scheiben Brot von einem Schwarzbrotwecken. Beinahe hätte sie sich dann doch in ihren Finger geschnitten, weil unversehens das Jaulen wieder einsetzte. Sebastian und Friedrich begannen auf der Bank herumzurutschen und obwohl sich die Küche mit verheißungsvollen Essensdüften füllte, verging Josef der Appetit.

Das Gejaule steigerte sich, sowohl was die Lautstärke betraf als auch die Tonhöhe. Am liebsten hätte sich Josef die Ohren zugehalten, so unangenehm klang das.

Die Frau ging nicht auf den seltsamen Lärm ein und keiner der Männer wagte zu fragen. Endlich schien sie mit der

Suppe zufrieden zu sein, denn sie holte vier Teller aus der Kredenz. Wieder wechselten die Laute aus dem Nebenzimmer. Josef glaubte, dieses Mal die Imitation eines Maschinengewehrs zu erkennen. Sogleich platzte noch mehr Schorf von Erinnerungen, an die er nicht denken wollte und die zu Erlebnissen gehörten, die er am liebsten aus seinem Leben gestrichen hätte.

Die Frau schöpfte Suppe in die Teller und stellte eine große Portion vor jeden von ihnen, eine kleine dampfte noch neben dem Herd. Ohne das nachgeahmte Maschinengewehrgeknatter hätte Josef mit mehr Freude seinen Löffel in die Suppe getaucht. So füllte sich zwar sein Magen, aber der Genuss blieb aus. Die Frau nahm den vierten Suppenteller in die Hand und Josef erwartete, sie würde sich zu ihnen setzen oder an die Kredenz gelehnt essen, aber sie trug ihre schwappende Fracht aus der Küche. Die Tür fiel ins Schloss, eine andere knarzte und dann hörten sie die Frau im angrenzenden Raum mit besänftigender Stimme sprechen. Sie verstanden nicht, was sie sagte, aber es waren beruhigende Töne, ein Singsang, wie wenn man mit einem Baby sprach. Mitten in einer Gewehrsalve brach das Jaulen ab. Andere, brabbelnde Laute, die zwar fremdartig, aber irgendwie freudig klangen, drangen stattdessen durch die Wand. Der Salzburger seufzte und auch Josef konnte Anspannung von sich abfallen spüren. Schließlich wurde es still bis auf das vierfache Geräusch von Löffeln, die gegen Steingutteller schlugen. Josef tunkte mit einem Stück Brotrinde den letzten Rest Suppe auf, als die Frau mit einem leeren Teller in der Hand wieder in die Küche zurückkam. Bevor sie das Geschirr auf der Anrichte abstellen konnte, ging drüben im Nebenraum das Jaulen wieder los.

Endlich wollte Josef doch fragen, was diese Laute verursachte, da kam ihm die Frau zuvor: „Das ist mein Sohn. Er war auch Soldat wie ihr, bevor er in Jugoslawien verwundet wurde." Tränen traten ihr in die Augen und sie drehte sich schroff zur Kredenz.

Josef musste schlucken und er spürte, wie sich sein Magen zusammenzog. Kein gesunder Mensch konnte solche Geräusche von sich geben, auch niemand, der irgendwann wieder gesund wurde. Keiner wusste etwas zu sagen. Wie sollte man trösten, wenn es keinen Trost gab? Sie bedankten sich höflich für das Essen und waren froh, aus dem Haus zu kommen. Das Jaulen des Sohnes verfolgte sie noch, als sie schon längst außer Hörweite waren. Und sie mussten noch Jahre später an die Frau denken, die drei Fremde verköstigt hatte, obwohl der Anblick von Soldaten, die gesund nach Hause zurückkehrten, für sie unerträglich gewesen sein musste.

DIE PUPPE

MATTHIAS EBERHARTER

Nichts hatte sich geändert: Der Druck auf Josef Klaus, das Kanzleramt zu räumen, wuchs von Tag zu Tag; die Sport-Journalisten debattierten weiterhin, ob der Ball vor oder hinter der Linie des Wembley-Tors aufgeschlagen war, und die große Kulturrevolution nahm ihren Lauf. Bianca wechselte das Programm. Schon wieder eine Dokumentation über die Nationalsozialisten. KZ Mauthausen, Auffanglager für politische Häftlinge, Kriegsgefangene und Juden. Nichts, wonach ihr nach einem anstrengenden Tag im Büro der Sinn stand. Sie sah ins Programmheft, suchte nach etwas, wobei sie sich hätte entspannen können, aber vergeblich. „Dann eben nicht." Resigniert erhob sie sich von der Couch, um das Fernsehgerät abzuschalten.

Gerade als sie die Aus-Taste drücken wollte, erschien auf dem Bildschirm ein kleines Mädchen, das eine Puppe im Arm hielt und neugierig auf die Kamera zuging. Die Puppe trug ein helles Rüschenkleid und hatte dicke, dunkle Zöpfe. So etwas Teures besaßen damals nur Kinder gutsituierter Leute, und Bianca wunderte sich, dass man dem Mädchen im KZ die Puppe gelassen hatte. Sie vergaß, dass sie das Gerät ausschalten hatte wollen, denn etwas an der Szene verursachte ihr Unbehagen. Gebannt schaute sie weiter zu.

Das Mädchen ging noch näher in Richtung der Kamera, zuckte aber plötzlich zurück, als sei es vor etwas erschrocken, und ließ die Puppe fallen. Ein junger Häftling kam herbei und hob sie auf. Als er sie dem Mädchen reichen wollte, trat ein Mann in Uniform ins Bild, nahm sie ihm mit einem Ruck ab und ging damit fort. Das Mädchen brach in Tränen aus. Eine Frau eilte herbei und nahm die Kleine auf den Arm, um sie zu trösten. Auf der linken Seite ihrer Wolljacke trug sie einen aufgenähten Stern.

Die Szene hatte nicht mehr als zehn Sekunden gedauert, doch das hatte Bianca genügt, um jedes Detail aufzunehmen. Wie konnte, was sie erkannt zu haben glaubte, wirklich sein?

Sie ließ die Dokumentation weiterlaufen, obwohl sie nicht damit rechnen konnte, die Puppe noch einmal zu Gesicht zu bekommen. Was sie gesehen hatte, war lediglich eine Momentaufnahme gewesen, die unter den Schneidetisch hätte fallen können, ohne dem Film zu schaden. Als er zu Ende war, ging sie wie in Trance ins Schlafzimmer. Auf der Tagesdecke des Messingbetts saß eine Puppe in einem schneeweißen Rüschenkleid. Bianca nahm sie in die Hand und musterte sie, den Kopf nach links und rechts neigend, Zentimeter für Zentimeter. Sie hatte die gleiche Größe und die gleichen dicken, dunklen Zöpfe wie die Puppe des kleinen Mädchens in der Dokumentation, und ihr Kleid hatte die gleichen Puffärmel und Spitzensäume.

In Biancas Kopf begann es zu arbeiten. Moran, ihr Vater, hatte ihr die Puppe zu ihrem fünften Geburtstag mitgebracht, nicht auf den Tag genau, sondern am Samstag danach, denn er kam nur an den Wochenenden nach Hause. Sie hatte nie verstanden, was Moran beruflich tat und weshalb er werktags woanders übernachtete. Er habe mit Pferden zu tun, antwortete er, wenn er danach gefragt wurde, sprach darüber aber nicht mehr, als ihm nötig dünkte.

Damals, 1943, hatte die Familie nicht weit entfernt vom KZ Mauthausen, in Oberösterreich, gewohnt. Aber weder Moran noch Dolores, Biancas Mutter, hatten jemals den Namen des Lagers erwähnt. Sie war fünfundzwanzig, als sie zum ersten Mal davon hörte und die Bilder aus anderen KZs sah, in denen Bulldozer Berge dürrer Leichen in Massengräber schoben.

Moran hatte die Puppe nicht in Geschenkpapier eingewickelt, sondern sie seiner Tochter einfach in die Arme gedrückt. „Das ist jetzt dein Kind, auf das du gut aufpassen musst."

„Aber sie ist dreckig", hatte Bianca erwidert.

„Sie hat unterwegs ein wenig gelitten, aber Mama richtet sie wieder her, und dann ist sie die schönste Puppe auf der ganzen Welt." Er hatte Bianca mit dem Zeigefinger auf die Nasenspitze gestupst. „Sie braucht einen Namen. Den kannst nur du ihr geben."

Bianca hatte kurz überlegt: „Freya."

Moran hatte genickt und gelächelt: „Das klingt hübsch."

Dolores hatte das Kleid in Sil getaucht, bis es wieder in fleckfreiem Weiß erstrahlte, ihre verfilzten Haare gelöst und die Zöpfe ordentlich geflochten. Tatsächlich konnte keines der Mädchen in der Nachbarschaft eine Puppe vorweisen, die sich mit Freya nach dieser Runderneuerung hätte messen können.

Bianca setzte die Puppe auf die Tagesdecke zurück, ging ins Wohnzimmer und wählte die Nummer ihrer Eltern. Dolores nahm ab. Sonntag? Ja, sie freue sich riesig auf ihren Besuch.

Als sie ihre Tochter in der Tür stehen sah, Freya im Arm, verzog sie belustigt den Mund: „Bist du dafür nicht ein bisschen zu alt?“ Doch ihr Lächeln wich, als sie den Ernst in Biancas Augen sah, deren Braun sich in Anthrazit verwandelt hatte. „Ist etwas passiert?“

Bianca betrat das Haus. „Wo ist Papa?“

Er saß in seinem Büro, seine Brille mit den dicken Gläsern auf der Nase, und trug Zahlen in eine Kladde ein. Heimarbeit für sein Gestüt, das er verwaltete.

„Wen bringst du denn heute mit, Kind?“

„Freya. Du kennst doch noch Freya?“

Moran nickte und legte seinen Kugelschreiber beiseite. „Ich habe mich immer gewundert, dass du sie so lange aufgehoben hast.“

„Sie war mir lieb und teuer. Ein Geschenk von dir.“

„Zu deinem vierten Geburtstag.“

„Dem fünften. 1943.“

Moran hob die Augenbrauen. „Erstaunlich, dein Gedächtnis.“

„Es wurde gerade aufgefrischt.“ Sie trat näher an ihren Vater heran und hielt ihm Freya vor das Gesicht. „Woher stammt die Puppe? Sie war nicht neu, als du mit ihr nach Hause kamst. Wem hat sie gehört?“

Moran war irritiert. „Das … das hast du nie gefragt. Was spielt das für eine Rolle?“

Dolores hatte von der Bürotür aus zugehört und trat jetzt dazwischen. „Was soll das, Bianca? Wie redest du mit deinem Vater?“

Bianca ignorierte sie. Sie ließ ihren Vater nicht aus den Augen. „1943 warst du noch nicht beim Pferdeverkauf. Du warst im KZ Mauthausen.“

„Mauthausen?“

Bianca ließ sich nicht beeindrucken. „Was hast du dort gemacht?"

Moran fuhr mit einer Hand unter den Hemdkragen und rieb sich den Nacken. „Dort brauchten sie auch Pferde. Ich war Verbindungsmann."

„Blödsinn! Bei der Armee brauchten sie Pferde, aber nicht in Mauthausen, um Menschen, die sich kaum auf den Beinen halten konnten, zum Appell antreten zu lassen."

Er sprang von seinem Stuhl auf. „Was willst du von mir? Nimmst du mich ins Kreuzverhör? Bist du auch so ein satter Wirtschaftswunder-Trittbrettfahrer, der keine anderen Sorgen kennt, als unserer Generation Rechnungen zur präsentieren für einen Scheiß-Handel, den wir uns nicht ausgesucht hatten?" Er fuchtelte Bianca mit dem Zeigefinger vor der Nase herum. „Nicht mit mir, Mädel! Wir haben für diese Scheiße bezahlt. Nicht alle, aber die meisten. Zur Front habe ich mich gemeldet, Ende 1944, um nicht mehr im Lager Dienst tun zu müssen. Obwohl ich bis dahin wegen meiner Kurzsichtigkeit nicht genommen wurde. Aber zuletzt brauchten sie jeden … jeden!" Erschöpft ließ er sich auf seinen Stuhl nieder. „Ich hätte auch draufgehen können. Du hast ja keine Ahnung, wie es damals war."

Einen Moment lang war Bianca doch beeindruckt. Sie konnte sich durchaus vorstellen, wie es damals war und dass man sich mit Gegebenheiten „arrangierte", die man selbst unter Einsatz seines Lebens nicht hätte ändern können.

Aber ihr Fall war anders.

„Papa, da war ein kleines Mädchen, ungefähr so alt wie ich damals. In Mauthausen. In einem grauen Mantel. Mit einer Puppe im Arm. So eine wie Freya, mit weißem Kleid und dunklen Zöpfen. Das Mädchen ließ die Puppe fallen, und das Kleid wurde schmutzig. Als ein Mitgefangener ihr die Puppe aufgehoben hatte, riss ein Mann in Uniform sie ihm weg. Dieser Mann nahm die Puppe mit nach Hause und schenkte sie seiner Tochter zum fünften Geburtstag."

„Woher weißt du das?" Morans Stimme klang heiser. „Das … das ist ja gespenstisch …"

„Warum du, Papa? Warum hast du die Puppe genommen?"

Er zuckte mit den Schultern hin und her, als seien sie auf Berg- und Talfahrt. Dabei zog er eine Grimasse. „Wenn ich sie nicht genommen hätte, dann ein anderer."

„Die übliche Ausrede."

„Nicht ganz. Niemand hatte Interesse an Kinderspielzeug. Der Kommandant hatte keine Familie. Und wir anderen … Wir waren noch jung …"

„Deshalb hatten sie der Kleinen die Puppe gelassen. Außer dir … denn du hattest Familie. Sie hatten dem Mädchen die Puppe gelassen, aber du hast sie genommen!"

Bianca legte Freya in Morans Schoß. „Finde das Mädchen und gib ihm die Puppe zurück!"

Er heulte auf. „Wie soll ich das machen? Nach so langer Zeit. Vielleicht lebt dieses Mädchen nicht mehr."

„Finde es raus!"

„Nach all den Jahren? Bist du verrückt?"

Bianca schwieg.

„Ich bin doch trotzdem dein Vater!"

Sie sah ihn so eisig an, wie ihr möglich war, um ihre Tränen zurückzuhalten: „Trotzdem ist nie ein gutes Wort. Es lässt uns Dinge vergessen."

EIN SOMMERHIMMEL-BLAUER MERCEDES

MAIKE BRAUN

Meine Kindheit bestand aus einer Abfolge von Tauschgeschäften. Erst tauschte meine Mutter meinen Vater gegen Luigi, den Koch, aus, dann Luigi meine Mutter gegen Carola. Das hat meine Mutter nur schwer verkraftet und sie tauschte unsere Dreizimmerwohnung gegen zwei winzige Dachkammern an einer Durchgangsstraße. Die Stelle als Kellnerin in einem der angesagtesten Hotels der Stadt behielt sie. Als der Küchenchef von Luigis Abgang erfuhr, stand er kurz darauf mit Nelke im Knopfloch vor unserer Tür. Meine Mutter entzog sich dessen Werben, indem sie ihre Kellnerinnenschürze an den Nagel hängte und meinen Schreibtisch gegen eine Nähmaschine tauschte. Das Surren des Schwungrads füllte die Nachmittage bis spät in den Abend. Aber wenigstens hörte ich so sofort, wenn sie aufstand, um nach mir zu schauen. Mir blieb genügend Zeit, mein Lesezeichen zwischen die Abenteuer des Kara Ben Nemsi zu legen und die Taschenlampe auszuknipsen.

Auf Dauer reichte aber auch das Nähen von Trikotagen nicht aus, um die Leere in ihrer Mitte zu füllen oder das Loch in meinen Bauch. Deshalb tauschte meine Mutter die Dachkammern gegen ein Bauernhaus und unsere Hohlsaumtischdecke gegen ein Wachstuch auf dem Küchentisch. Schürze und Gummistiefel lösten Hochsteckfrisur und Lippenstift ab. Mein neues Zimmer befand sich ebenfalls unter dem Dach. Manche Dinge ändern sich nie. Aber statt auf eine Tapete mit Vogelmuster starrte ich nachts, wenn ich nicht schlafen konnte und von der Stadt träumte, auf die an Sargdeckel erinnernde Holzvertäfelung.

Mein abgelutscher und notgeflickter Teddy ging beim Umzug verloren. Zum Trost schenkte mir meine Mutter einen frischen Wurf Katzenknäuel. Dieses Tauschgeschäft verlief nicht gut. Die Fellbälle waren nach zwei Tagen verschwunden. Ich ging der Sache nach und fiel dabei in den Bach. Da ich nicht schwimmen konnte, musste mich Stiefvater Nummer zwei, der Bauer, herausfischen. Er verschaffte seiner Sorge um mich mit Schlägen Ausdruck. Ich tauschte ein intaktes Trommelfell gegen ein geplatztes. Die Kätzchen im Sack hatten es allerdings nicht rechtzeitig geschafft.

Am schwersten fiel mir die Umgewöhnung beim Essen. Ich tauschte das sehr gelegentliche Stück Schwarzwälder Kirschtorte gegen Blut- und Griebenwurst aus eigener Schlachtung und verlor dabei fünf Kilo. Das nahmen meine neu hinzugewonnenen beiden älteren Brüder zum Anlass, mich hin und her zu schubsen.

Anstelle des Ausschlafens, bis die Sonne einen Spalt in den Himmel geritzt hatte, stand das Ausmisten des Kuhstalls an, und statt einen Ball gegen ein Garagentor zu kicken, steckte ich Kartoffeln in die Erde. Mir war alles recht, solange ich damit meinen Brüdern fern bleiben konnte. Irgendwann tauschte ich dann meine Position als Jüngster gegen die des Zweitjüngsten, und noch ein Jahr später war ich ein Mittelkind geworden. Und dann tauschte ich meine Hosen in immer schnellerem Wechsel gegen die meiner älteren Stiefbrüder, bis ich die neuen Hosen zuerst zu tragen bekam. Ich hatte beide überholt. Ich war gerade mal zwölf.

In der Welt, von der wir auf unserem Bauernhof in der Kuhle zwischen zwei Hügeln nicht viel mitbekamen, tauschten die Mächtigen Beschimpfungen und Drohungen aus und irgendwann genügte ihnen das nicht und in Kuba wurde dem kalten Krieg ganz warm. Genauso wenig genügte es meinem Stiefvater, mir nur mit der Hand meine Maulfaulheit auszutreiben, wie er es nannte, und er drohte mit dem Schürhaken. Dabei hatte er nicht bedacht, dass meine Beine lang und flink geworden waren, wohingegen die seinen fett und schwer wurden. Nach ein paar misslungenen Versuchen tauschte ich meine Position als Zornableiter mit meinem nächstjüngeren Bruder.

Die Arbeit im Kuhstall ersetzte ich durch Zeitungsaustragen. Das verschaffte mir ein Fahrrad und das wiederum erlaubte mir, in die Schule zu gehen, wo ich mich auf der hintersten Sitzbank in den Abenteuern des Kara Ben Nemsi verlieren konnte.

Doch irgendwann fiel das dem Lehrer auf und ich tauschte Fahrrad gegen Schläge mit dem Schürhaken. Danach tauschte ich mein Bett in der Dachkammer gegen eines im Krankenhaus, aber das währte nicht besonders lange. Ich war inzwischen fast vierzehn und übte vor dem Spiegel, mit tiefer Stimme zu sprechen. Ich fragte den Tankwart, ob ich Autowaschen gegen Geld eintauschen könnte, doch er sagte, ich sei zu jung. Ich stibitzte von meinem älteren Bruder das Rasiermesser, um die wenigen Barthaare, die sich lustlos ihren Weg durch die Haut an meinem Kinn bahnten, zu mehr Wachstum zu animieren. In der Zwischenzeit tauschte meine Mutter ein Kind im Bauch gegen eines auf dem Friedhof. Danach gab sie es auf, noch mehr Kinder in die Welt zu setzen, und mein Stiefvater sprach in ihrer Nähe nur noch mit gedämpfter Stimme.

Einmal, als meine Mutter Hilfe beim Wäschefalten benötigte und meine andere Brüder gerade auf dem Feld waren, sagte sie, sie wünschte sich, sie könne das Rad wieder zurückdrehen. Ich fragte, bis zu Luigi oder noch weiter und sie sagte, bis zu Luigi. Danach hörte ich nicht länger zu.

Ich tauschte fertige Hausaufgaben gegen Gefummel mit Isabel. Isabel hatte Zähne wie ein Pferd und den Flaum neugeborener Kätzchen an interessanten Stellen. Ich mochte Isabel. Ihr Vater erfuhr von unserem Tauschgeschäft und danach hingen ihre Zähne noch schiefer im Mund. Ich ging zum Bach und stürzte mich hinein. Aber in der Zwischenzeit war ich zu groß geworden, um in dem knietiefen Wasser zu ertrinken. Außerdem schien mein Körper mehr am Leben zu hängen als ich. Nass wie der sprichwörtliche begossene Pudel trieb ich mich im Wald herum, bis die Sonne die Zeichen meines Scheiterns getrocknet hatte.

Ich tauschte Karl May gegen James Bond und träumte mich in die Stadt zurück. Ich wurde wieder weniger. Meine Brüder freuten sich daran und boxten mir die Ohren. Dann wurde der erste, dann der zweite zum Wehrdienst eingezogen. Der Ältere schrieb, er würde den lieben langen Tag irgendwo in Norddeutschland durch den Matsch robben und anschließend die Stiefel blank putzen. Das klang nicht nach Abenteuer, fand ich.

Was ist eigentlich mit meinem echten Vater passiert, fragte ich irgendwann meine Mutter. Sie gab mir eine Ohrfeige und sagte: Er ging zur Fremdenlegion. Ich verstand zwar nicht, warum sie mir ausgerechnet jetzt eine klatschte, aber der Begriff „Fremdenlegion" ließ mich nicht mehr los. Das klang nach Abenteuer, nach Wüstensand und harten Kerlen, nach James-Bond-mäßiger Verbrecherjagd und Ursula Andress, von der ich nur aus unter der Schulbank herumgereichten Heftchen wusste.

Ich bot mich für allerlei Botengänge an, nur um Zeit herausschinden zu können, um in die Stadt zu fahren. Endlich fand ich jemanden, der Bescheid wusste.

Das Ergebnis war niederschmetternd: Die Fremdenlegion hatte aufgehört in Deutschland zu rekrutieren.

Von da an schien sich die Zeit in eine Schnecke verwandelt zu haben.

Es war einer dieser endlosen Tage, die Hitze duckte sich in die Talsohle hinein, selbst die Katze hatte sich in den Schatten zurückgezogen. Meine Mutter fegte den Hof. Ein Huhn streckte den Kopf um die Ecke, beäugte mich misstrauisch, aber ich hatte keine Lust, es zu jagen. Mit ruckendem Kopf stolzierte es an mir vorüber und pickte ab und zu nach einem Steinchen. Aber meine Mutter war gründlich gewesen. Es fand kein Körnchen.

Da stellte unser Schäferhund erst die Ohren auf, dann hob er den Kopf. Das Huhn trippelte schneller, flatterte auf und brachte sich in Sicherheit. Dann hörte auch ich es. Musik. Laute Musik. Musik, die meinen Leib ergriff und ihn zum Wippen brachte. Ich lief zur Straße, schaute zum Wald hinauf. Und in dem Moment beugte sich der Himmel zu uns herunter und ein sommerhimmelblauer Mercedes mit offenem Verdeck rollte den Hang hinunter auf unseren Hof zu. Ich drehte mich zu meiner Mutter um, die weiterfegte, so als bemerke sie diese Erderschütterung nicht.

Die Gitarrenklänge brachten meinen Bauch zum Schwingen, beim Refrain kratzten die Stimmen der Sänger an den Wolken. Was für eine Musik war das, bei der man nicht stillstehen konnte?

Das Gefährt näherte sich. Ein Kerl mit Sonnenbrille saß darin und ein Mädchen, ein klatschmohnrotes Tuch um den Kopf gebunden. Es lächelte mir aus einer Wolke aus gleißendem Licht zu. Der Wagen kam vor uns zum Stehen. Der Kerl fragte etwas, meine Mutter antwortete, ich hörte nichts. Das Sehen verbrauchte meine gesamte Energie. Das Mädchen lehnte sich über ihren Begleiter zu mir aus dem Wagen heraus und winkte mich heran. Ihr Begleiter schüttelte den Kopf, sie lachte seine Bedenken weg und streckte mir eine rote Dose mit weißer Raute darauf zu. Vorsichtig griff ich danach. Fast hätte ich die Dose fallen lassen. Sie war eiskalt. Ich hielt sie mir an die Wange. Plötzlich stand meine Mutter neben mir.

„Zur Bundesstraße geht es hier den Berg runter und dann an der Kreuzung rechts“, sagte sie barsch.

Das Mädchen holte eine zweite Blechdose hervor, um sie meiner Mutter zu geben. Die schüttelte nur den Kopf.

„Soll ich dir zeigen, wie man sie öffnet?“, fragte das Mädchen und stieg aus dem Wagen. Sie trug ein helles Kleid, der Rocksaum wippte. Sie nahm mir die Dose aus der Hand und brachte sie zum Zischen. Dann nippte sie daran und gab sie mir zurück. Gitarrenklänge zupften an meinen Eingeweiden. Ich ertappte mich dabei, wie ich den Takt klopfte, während ich unter dem auffordernden Blick des Mädchens die braune Brause in mich hineinlaufen ließ.

„Woher kommst du?“, fragte ich, als sie bereits wieder in den Wagen eingestiegen war und sich ein mechanisches Rattern unter die Musik mischte. Ich spürte, wie sich meine Mutter neben mir versteifte.

„Das ist genug, Johannes“, sagte sie. „Gib dem Herrn die Dose zurück.“

„Kann er behalten“, sagte der Kerl, doch meine Mutter schüttelte den Kopf. Artig gab ich ihm die Cola zurück.

Der Traktor meines Stiefvaters kam das Feld herunter. Meine Mutter tauchte wieder in den Schatten des Hauses. Das Himmelsgefährt verschwand hinter einer Kurve.

Ich stand noch da, als der Traktor vor mir zum Stillstand kam.

„Was stehst du da und gaffst? Hast du nichts zu tun?“

„Doch, doch“, sagte ich und drehte mich weg.

Das Mädchen vor Augen, die Musik noch im Ohr stahl ich mich früh am nächsten Morgen aus dem Haus. An der Kreuzung blickte ich noch einmal zurück. Wie klein der Hof von hier aus wirkte, und der Traktor erst und die Bäume entlang des Bachs, als habe man Petersilie auf Streichhölzer geklebt und den Wasserlauf aus Stanniolpapier ausgeschnitten. Fehlte nur noch eine Märklin-Bahn in dieser Miniatur-Landschaft. Weihnachten für Weihnachten hatte ich mir eine der schwarz glänzenden Lokomotiven gewünscht. Aber die hat's all die Jahre nie gegeben, egal wie tipptopp der Zaun repariert oder wie schnell das Heu eingebracht war.

Zügig ging ich weiter. Es war an der Zeit, dass ich dem Trotzdem ein Ende setzte, und Überleben gegen Leben tauschte.

BABY-SHOPPING

FRANZ-XAVER ROHRACHER

Moritz stieß mit der Schuhspitze an ein abgestumpftes Stück Wachsmalkreide, sodass es einen kleinen Kreis auf dem Parkett beschrieb. Er hob es auf, steckte es gedankenverloren in seine Hosentasche und blickte ein letztes Mal ins Wohnzimmer, auf die Zeichenblätter am Boden, die mit bunten Wirbeln übersäht waren. Dann warf er die Jeansjacke über seine Schulter, hielt Julia die Tür auf und verließ hinter ihr die Wohnung.

Es war ein traumhafter Febertag. Die Sonne schien ihnen ins Gesicht, als sie die Straße betraten, die Pollen kitzelten in der Nase und die milde Luft war vom Betteln frisch geschlüpfter Vogeljungen erfüllt. Die Jacke würde er heute nicht brauchen. Julia hakte sich bei ihm unter, gab ihm einen Kuss auf die Wange und sie schlenderten in Richtung Innenstadt.

– Ist das wirklich notwendig?

Sie waren vor der Boutique angekommen, in den Auslagen hingen Bildschirme, von denen ihnen in ständigem Wechsel Kinder entgegenlachten. Die Gewissheit, mit der Moritz eben noch die Wohnung verlassen hatte, war beim Anblick eines grinsenden Mädchens in gelber Schutzkleidung, das mit einer Hand einen grün fluoreszierenden Gesteinsbrocken hochhielt, ins Wanken geraten. Lisa, 11, Nuklearchemikerin, stand am oberen Bildrand.

– Das ist ja wieder typisch.

– Ich mein ja nur … also rein moralisch betrachtet, verstehst du?

– Und das fällt dir jetzt ein? Nachdem wir die Sache schon hundert Mal durchgegangen sind? Jetzt meldet sich dein Gewissen? Wo wir so lange … Und eben erst der Kredit bewilligt. Nein, kommt gar nicht in Frage. Das wird nicht wieder einer dieser Momente, wo du mich im letzten Augenblick … Schau, wo uns das bei der Wohnung hingebracht hat. Nein, Moritz, wir ziehen das jetzt durch.

Er begutachtete das Kreuzmuster seiner Schuhbänder, das ihm plötzlich sehr interessant vorkam.

– Aber letztens hast du ja selber …

– Ich war todmüde, Herrgott! Und am Ende war doch genau das der Punkt. Willst du dasselbe wirklich noch einmal? Wo Max endlich in ein Alter kommt … So nimmt sie uns ja niemand, schon Max alleine nicht, und dann noch ein Neugeborenes dazu? Mir ist das zu viel, Moritz, und du warst einverstanden.

Moritz suchte auf dem Boden zwischen seinen Füßen nach weiteren Einwänden, doch als er dort keine fand, blieb er, die Hände in die Hosentaschen gesteckt, einfach still.

– Er malt an die Wände, Moritz. An die Wände! Verstehst du?

– Jaja, ist ja gut. Lass uns reingehen.

Das Innere des Geschäfts war in Weiß gehalten. An der Wand dem Eingang gegenüber waren mehrere in Aluminium gefasste Bildschirme angebracht, über die wie im Schaufenster Aufnahmen von Kindern zogen. Einige davon erkannte er wieder. Am rechten und linken Ende des Raums befand sich jeweils eine Aluminiumtür. Die Türen waren geschlossen und Moritz war froh, dass außer ihnen niemand im Raum war.

Julia nahm ihn an der Hand und zog ihn hinter sich her, als sie den Bildschirm ganz rechts ansteuerte. Sie berührte den Screen mit einem Finger, woraufhin er sie „Willkommen!“ hieß. Kurz darauf erschien die Bestelloberfläche. Julia zückte ihr Mobiltelefon und öffnete die App, in der sie im vergangenen Monat alle Prozentsätze und Wunschmaße und Eigenschaften, die beim Bestellvorgang anzugeben waren, abgespeichert hatte.

– Ich geb's trotzdem per Hand ein. Wer weiß, vielleicht wollen wir ja noch ein paar Kleinigkeiten anpassen, sagte sie mit vorfreudig leuchtenden Augen. Ich glaube nämlich, ich möchte doch, dass sie ein bisschen mehr von meiner künstlerischen Ader hat. Das hat noch niemandem geschadet, auch keiner Quantenkryptographin.

Moritz lächelte schwach. Irgendetwas hatte sich in seiner Hosentasche verdreht und drückte gegen seinen Hodensack. Obwohl sie die Einzigen im Raum waren, wollte er nicht in seinem Schritt herumfummeln. Um seine Hände zu beschäftigen, begann er, mit seinen Fingergelenken zu knacksen. Julias Finger huschten inzwischen über den Touchscreen, hielten gelegentlich mit einer Frage an Moritz inne, um gleich weiterzutippen, sobald dieser mit einem abwesenden Nicken seine Zustimmung erteilt hatte.

Auf den anderen Bildschirmen sah er die zehnjährige Paula an der Südostkante des Cerro Torre hängen, den achtjährigen Noah im Kommandomodul einer Rakete sitzen, die dreizehnjährige Clara mit dem von ihr gebauten Humanoiden Go spielen und den fünfjährigen Nico einen Pinselstrich an dem fotorealistischen Porträt seiner Mutter anbringen. Moritz dachte an die Kopffüßer, die Max zurzeit produzierte, wenn er seine Familie zeichnete.

– Das ist doch pervers, Julia.

– Hm?

Sie hatte den Bestellvorgang abgeschlossen und wandte sich Moritz zu, einen durchsichtigen Becher mit Drehverschluss sowie eine silberne Plastikkarte in Händen haltend, die sie einem Fach in der Wand entnommen hatte. Auf den Aluminiumtüren war mittlerweile Leuchtschrift erschienen: Eizellenentnahme stand auf der einen, Spermaabgabe auf der anderen.

– Na, pervers. Gegen die Natur. Schau dir doch nur diese, diese …

Er gestikulierte mit den Händen unbeholfen in Richtung der Bildschirme.

Julia schaute zwischen Moritz und den Fotos hin und her.

– Das? Das nennst du pervers? Weißt du, was pervers ist? Ein Kind, das sein erstes Wort sagt, wenn die anderen schon Goethe rezitieren. Ein Kind, das zu laufen beginnt, wenn die anderen schon über Hürden springen. Ein Kind, das noch mit den Fingern zählt, während die anderen schon Algebra treiben.

– Aber … aber …

– Ein Vierjähriger, schrie sie nun regelrecht, der meint, ein brauner Kreideknäuel wäre ein Hund – das ist pervers, Moritz! Ich mein – er malt an die Wände …, war das Letzte, was sie hervorbrachte, bevor sie das Gesicht in den Händen vergrub und zu schluchzen begann.

Unentschlossen stand Moritz eine Weile neben ihr.

– Ich sage ja nicht, dass wir es ganz, also nicht für immer, nur vielleicht noch ein, zwei Wochen drüber schlafen, bis wir …

Er legte ihr die Hand auf die Schulter. Sie blickte durch verquollene Augen zu ihm auf und er spendete ihr eine Grimasse, die wohl tröstlich sein sollte.

– Lass uns einfach nach Hause gehen und es noch einmal überdenken, hm?

– Ich, sagte Julia, ihre Stimme wieder fester, gehe jetzt durch diese Tür dort. Und du, du kannst dich entscheiden, Moritz. Entweder stehst du endlich deinen Mann, nimmst – für mich, für uns, für unsere Kinder – diesen Becher und wichst gefälligst hinein …

– Oder?

– Oder du behältst dein verficktes Sperma, holst Max ab und packst dich ein für alle Mal zum Teufel.

Ohne auf eine Antwort zu warten, drückte sie ihm den Becher in die Hand, ging zur Tür am anderen Ende des Raumes, öffnete sie mit der Schlüsselkarte und verschwand.

Einige Minuten verstrichen, ohne dass Moritz sich rührte. Dann griff er in seine Hosentasche, holte ein stumpfes Stück Wachsmalkreide heraus und begann, die weißen Wände des Geschäfts mit grüner Farbe zu beschmieren.

DAS LEBEN UND SEINE UNERWARTETEN FOLGEN

WIE DIE KONJUNKTION „TROTZDEM" DEM WERNER AN DIE ERSTE STELLE VERHALF

CHRISTINA REPOLUST

Die Fenster sind schmutzig, richtig dreckig. Ich würde das hier keiner Putzfrau durchgehen lassen, denkt sich Werner, während die Deutschtante ihre Grammatik auspackt. Was soll das alles eigentlich, dreckige Fenster und eine mittelalte Frau, die Sätze an die Tafel schmiert. Zur Tafel sagen sie hier „Whiteboard", ja, ich weiß, wie man das schreibt. Blöd bin ich nicht!

Es regnet, trotzdem gehe ich spazieren.

Das sei, so erklärt die Deutschlehrerin, eine Haupt- und Nebensatzkonstruktion. Mit Konstruktionen kennt sich Werner aus. Aber sowas von! Er kann Zelte aufbauen, hat bei jedem Feuerwehrfest die Stahlgerüste aufgestellt. Er braucht wirklich keinen Nebensatz! Was soll das eigentlich? Eigentlich könnte er mit Vornamen „Trotzdem" heißen: Seine Mutter war bei seiner Geburt 48, trotzdem ist er gesund auf die Welt gekommen. Er war, so erzählte es ihm Tante Mirli, ein hübscher Bub. Trotzdem hat ihn seine Mutter nicht gemocht. „Sie hat es nicht gekonnt. Du weißt ja gar nicht, wie viel sie geweint hat", erklärt ihm Mirli. Je länger die Deutschtante da im Kurs erzählt und will, dass er Trotzdem-Sätze macht, sie sagt „bildet", eingebildete Kuh, desto stärker fühlt sich Werner. Der hat getrotzt, später dann als Kind bei der Mirli, noch später immer in der Schule, besonders beim Turnen. Denen werd ich es zeigen, hat er sich gedacht, mit Trotzdem kennt er sich aus: Er hat nur Schnürschuhe gehabt, trotzdem hat er den Ball immer erwischt, er war ein begehrter Spieler. Trotzdem hat ihm die Tante keine Fußballschuhe gekauft. Ich war ein guter Spieler, trotzdem war meine Ausrüstung schlecht. Solche Sätze mag die Deutschtante nicht. Ich soll was mit Regen und spazieren und so schreiben, nicht immer so negativ sein, außerdem sei das doch nur Grammatik, keine Lebensgeschichte.

Ich bin trocken, trotzdem hat mich Elke verlassen.

Irgendwie haben wir damals alle immer einen Rausch gehabt, das ist im Dorf so. Nur die einen erholen sich schneller und die anderen bleiben liegen. Ich bin immer liegen geblieben, trotzdem bin ich jeden Montag in der Früh in der Bäckerei gestanden. Punkt zwei Uhr, mit einer richtigen Fahne. Ich war also zu und bin trotzdem arbeiten gegangen. Sonst hätte ich daheim Watschn bekommen. Geht das mit „trotzdem" Frau Lehrer? Gendern? Ich doch nicht. Ich weiß, wie man das macht, trotzdem mach ich das nicht. Die soll sich schon ein wenig ärgern für ihr Geld, die Deutschtante da vorn. Elke ist mit mir immer im Bus in die Hauptschule gefahren. So wie in dem Film mit dem ... wie heißt der, der, der so schnell rennen kann und gar nicht so ein Depp war, wie alle gemeint haben? Forest Gump, richtig, ist mir gerade noch eingefallen. Die Elke also. Über ihren Namen haben alle Marias und Annas aus dem Dorf so richtig gelacht und immer gerufen „Elke, Nelke, melke!" Ich habe nie mitgelacht und gehofft, dass die Elke das auch mitkriegt. Trotzdem hat es bis zum Poly gedauert, dass mich die Elke einmal richtig angeschaut hat. Einmal, zweimal, Blick hin und Blick zurück, ich noch einmal Blick hin. Eine Woche später habe ich sie zum Eisessen eingeladen. Das Eis war gut, jeder hat sich zwei Kugeln ausgesucht, ich Schoko-Erdbeer und sie Schoko-Vanille, trotzdem haben wir uns danach nicht geküsst. Hätte aber süß geschmeckt, ich hätte mir das schon gewünscht. Kann man nichts machen. Trotzdem habe ich es wieder versucht zu Martini, da gibt es bei uns im Dorf das Martini-Gansl-Essen. Das Blaukraut ist auch süß, die Lippen werden blaurot davon und ich habe aufgepasst, dass ich mir den Bauch nicht so anfülle, dass ich furzen muss. Wir haben uns hinterm Wirthaus geküsst. Das macht man so, nie vor dem Wirtshaus, denn dann kann man sich ja auch gleich im Wirtshaus drinnen vor allen küssen. Neben uns haben sich noch zwei Paare geküsst, die haben richtig geschmatzt. Die Elke ist dann davongerannt, trotzdem war ich irgendwie glücklich.

Wir haben sogar geheiratet, später natürlich. Ich habe die Wohnung über der Bäckerei gekriegt, der Bäcker meinte es gut mit mir. Trotzdem ist es mit der Elke und mir nicht gut gegangen. Frau Deutschtante, ich habe noch einen Satz mit „trotzdem". Ich habe immer mein Bestes gegeben, trotzdem bin ich immer in der Scheiße gelandet. Ach so, das mit der Scheiße gefällt Ihnen nicht? Es geht doch ums Trotzdem, haben Sie gesagt. Was sagen Sie? „Trotzdem" ist kein Lebensmotto, sondern eine Konjunktion. Na ja, klingt nicht super Ihr Wort da. Also: Wir haben geheiratet, ich habe mit dem Saufen aufgehört und trotzdem ist die Elke gegangen. Nach München, als Verkäuferin. Da passt ihr Name ja auch besser hin als in unser Dorf. War ihr wohl vorgezeichnet, dieser Weg. Trotzdem bin ich traurig. Ach so, Trotzdem kann keinen Satz einleiten? Ist doch ein Gefühl, das Traurigsein, mir geht es nicht um den Satz, ist doch Ihre Baustelle, Frau Deutschtante.

Ich wär gern das Verb im Hauptsatz.

Irgendwie mag ich die Deutschtante. Sie hat erklärt, dass das Verb, „Tunwort" sagt man bei uns, im Hauptsatz an zweiter Stelle steht. Das ist ziemlich weit vorn. Also, ich wär ziemlich gern so ein Verb. Ich bin nämlich immer hinten gestanden, wie das Verb im Nebensatz. Mein Leben ist ein Nebensatz, ich komm immer zum Schluss. Nein, ich mein nicht, dass ich zu kurz komm. Nein, meine Mama hat mich auf die Welt gebracht, die Mirli-Tante hat mir riesige Marmeladebrote bestrichen, die Schule habe ich überstanden, mir gings nicht schlecht. Trotzdem, na ja, vielleicht, hätte es auch besser gehen können. Ich mein, ich muss mich jetzt umschulen lassen, wegen der Staublunge. Interessiert hier keinen, dass ich gern Bäcker bin. Meine erste Handsemmel, ein Traum, habe ich jedem gezeigt. Hab sie an diesem Tag allen geschenkt, der Bäcker hat nur den Kopf gebeutelt. Genau, trotzdem hat er sich mit mir gefreut und mir auf die Schulter geklopft. Wow, der Mehlstaub, der da aufkommt. Da hätte ich ja schon ahnen können, dass das nicht gesund sein kann. Aber die Wohnung habe ich behalten, sie auch so gelassen, wie sie die Elke eingerichtet hat. Vielleicht kommt sie aus München einmal zurück. Ich bin dann da. Ich kann auch das Subjekt sein, das habe ich gestern gelernt: Subjekt, das klingt wie „gnädiger Herr“, da ist man wer, wenn man das Subjekt im Hauptsatz ist, ist noch besser als das Verb zu sein, da stehst halt immer an der zweiten Stelle.

Habe die Ehre, ich geh jetzt trotzdem, Frau Deutschlehrerin!

Liebe Frau Deutschlehrerin, bei Ihnen habe ich mehr gelernt als im Coaching. Sie haben mir gezeigt, wo ich hingehöre. Ehrlich, ich will Sie nicht verarschen. Es hat alles mit Ihrem Trotzdem angefangen, dann ist es mit der zweiten Stelle von diesem Dings, dem Verb, weitergegangen und jetzt das Subjekt. Geil, einfach geil, was Sie so alles wissen. Wenn ich ein Subjekt bin, dann stehe ich an erster Stelle, dann kann ich was konstruieren, dass das Trotzdem weiter wegrutscht und dann habe ich gewonnen. Wissen Sie was, ich gehe jetzt, ich hör auf mit dem Kurs. Ich habe mir die Adresse von der Elke in München besorgt, die lebt dort allein mit einem Kanarienvogel, der soll Werner heißen. Also auf Wiederschauen. Trotzdem: Nichts für ungut!

DIE KURZGESCHICHTE, DIE NIEMAND HÖREN WILL

REINHARD GNETTNER

Herr Otto liebt Kurzgeschichten. Und er liebt sein Leben, so wie wohl ein jeder, denn er ist ein total normaler Mensch. Ein durchschnittlicher Verbraucher, durchschnittlich alt, durchschnittlich gebildet, durchschnittlich verdienend, durchschnittlich am Weltgeschehen interessiert.

Aber eines Tages im Jahr 2023 platzt ihm seine durchschnittliche Hutschnur, denn er stößt auf eine Kurzgeschichte, die er gar nicht mag: Das erste nachweisbare Auftreten des Homo sapiens fand vor 300 000 Jahren statt – die Dinosaurier hingegen lebten 170 Millionen Jahre, fast 600-mal so lange! Das wird der Mensch nie schaffen, denkt Herr Otto, es wird wohl eine Kurzgeschichte bleiben. Und ich mittendrin, denkt Herr Otto auch noch. Und bekommt Angst. Und beginnt zu recherchieren:

- Bereits 1972, vor über fünfzig Jahren, weist der *Club of Rome* auf Basis wissenschaftlicher Erkenntnisse erstmals vehement auf die Grenzen des Wachstums hin.
- Ungefähr zu dieser Zeit entstehen auch die Grüne Partei und NGOS wie *Greenpeace* oder der *WWF*. Sie kämpfen seither für die Umwelt und warnen vor Schäden.
- 1979 findet die erste Weltklimakonferenz statt. Seitdem folgen in immer kürzeren Abständen, mittlerweile jährlich, Gipfel und Konferenzen (unter anderem in Rio, Kyoto, Paris). Dabei werden immer wieder

völkerrechtlich verbindliche Abkommen unterzeichnet und gebrochen, ambitionierte Klimaschutzziele zugesagt und nicht eingehalten.

- 2019 wird *Fridays for Future* gegründet. Die globale Klimaschutz-Bewegung rund um Greta Thunberg erzielt mit zeitweise bis zu 1.8 Millionen demonstrierenden Unterstützern weltweite Aufmerksamkeit.
- Laufend gibt es Klimaschutz-Petitionen und Unterschriftenaktionen diverser Organisationen.
- Mittlerweile rufen nahezu 100 Prozent der relevanten Wissenschaftler dringend zum Handeln auf.
- Regelmäßig gibt es Berichte des Weltklimarates mit dramatischen, alarmierenden Erkenntnissen.
- In einigen Ländern, zum Beispiel in Deutschland, ist der Klimaschutz seit 1994 als Grundrecht gesetzlich verankert.
- Ebenfalls in Deutschland mahnt 2021 sogar das Bundesverfassungsgericht eine Verschärfung und Einhaltung dieses Klimaschutzgesetzes ein.
- Naturkatastrophen sorgen für Angst, Schrecken, Tote und Milliardenschäden.
- Immer häufiger und extremer werdende Waldbrände, Überflutungen und Dürren, eklatanter Wassermangel, ausgetrocknete Flüsse, das Auftauen des Permafrostbodens, das Schmelzen von Polkappen und Gletschern, erschüttern die Welt.
- Wirtschaftsprognosen sagen allein für Deutschland in den nächsten Jahren Klimaschäden in Höhe von 900 Milliarden Euro voraus.
- Seriöse Schätzungen gehen von jährlich weltweit 250 000 Hitzetoten aus, Tendenz steigend.
- Die Erwärmung der Weltmeere gerät aus dem Ruder. Auch das generell angestrebte 1,5-Grad-Ziel für die Erderwärmung ist definitiv nicht mehr erreichbar,

4 Grad sind inzwischen realistisch, mit unabsehbaren Folgen.
- UN-Generalsekretär Guterres stellt fest: „Wir sind auf dem Highway zur Klimahölle – mit dem Fuß auf dem Gaspedal!"

Herr Otto liebt Kurzgeschichten. Und er liebt sein Leben, so wie wohl ein jeder. Aber wenn jetzt sogar schon dem guten Guterres die Hutschnur platzt, dann kann meine ja wohl auch, findet Herr Otto. Er findet vor allem ungeheuerlich, dass auf all diese Warn- und Alarmsignale nicht reagiert wird. Das heißt, nicht nur nicht, sondern mit dem Gegenteil: Mit Ignoranz, Verharmlosung, Verdrängung, Leugnung.

Und schlimmer noch: Diejenigen, die darauf hinweisen, dass schnell etwas passieren muss, damit es überhaupt noch eine kleine Chance gibt, ernten Hohn und Zorn. Und Hass. Sie werden bespuckt, getreten, angefahren, weggesperrt, mit Geldstrafen belegt.

Und das lässt jetzt nicht nur Herrn Ottos Hutschnur explodieren, auch die Hutkrone fliegt nach oben weg, sodass die Krempe, alleingelassen, haltlos nach unten über das Gesicht rutscht, dabei Stirn, Wangen und Nase mit Ruß verschmiert, um wie ein Kragen auf Herrn Ottos Schultern zu liegen zu kommen.

Normal ist das nicht, denkt er. Da nehmen jugendliche Klima-Aktivisten in Berlin lediglich ein wenig schwarze Farbe und übergießen ein Kunstwerk, auf dem das deutsche Grundgesetz eingraviert ist. Sie tun das, um symbolisch darauf hinzuweisen, dass eben dieses Grundgesetz von den Politikern beschmutzt und nicht eingehalten wird. Und was passiert? Dem Kunstwerk gar nichts, es ist schnell wieder gereinigt. Aber Politiker nahezu aller Parteien rasten völlig aus und hetzen mit dem Mainstream-Boulevard um die Wette.

Mit rußverschmiertem Gesicht muss Herr Otto lesen: „Mit der öffentlichen Zerstörung des Grundgesetzes hat die *Letzte Generation* ihre hässliche Fratze endgültig fallen gelassen und gezeigt, wo sie steht: Gegen den Staat und gegen die freiheitliche, demokratische Grundordnung. Diese Hasser der Freiheit sind der letzte Abschaum."

Herrn Ottos Hals beginnt zu schwellen und er liest weiter: „Ein Detail zu dieser Aktion noch. Es ist das Werk des israelischen Künstlers Dani Karavan, das hier geschändet wird."

Und Herr Otto liest weiter: „So viel Selbstgerechtigkeit und moralische Erhabenheit ist gefährlich. Sehr gefährlich. Das Gefühl, man dürfe alles im Sinne einer höheren und gerechten Sache tun, führte in den Siebzigerjahren zu grauenhafter Gewalt."

Und sein Hals schwillt weiter: „Was für eine billige, würdelose Aktion. Ihr scheißt auf die Grundrechte, zerstört Kunst ähnlich wie die Taliban und fühlt euch noch als Heldinnen und Helden! Glaubt Ihr allen Ernstes, Ihr bringt damit den Klimaschutz voran?!"

Und Herr Otto liest weiter: „Die *Letzte Generation* ist keinen Deut besser als die Taliban. Dieses Monument der Demokratie zu schänden, ist einfach nur widerlich."

Und sein Hals schwillt weiter: „Es langt. Was machen die als nächstes? Bücher (in Öl tränken und dann) verbrennen?"

Der Hals ist mittlerweile extrem geschwollen. Herrn Otto bleiben Luft und Spucke weg. Denn all das bedeutet, dass diejenigen, die das Grundgesetz missachten, mit Antisemitismusvorwürfen, RAF-, Taliban- und Nazivergleichen auf diejenigen reagieren, die einfach nur wollen, dass es eingehalten wird. Dass diejenigen, die die Ideologie des ungebremsten Wirtschaftswachstums vertreten, die meist jugendlichen Aktivisten einer demokratiefeindlichen Ideologie und sogar des Terrorismus bezichtigen! Und damit dreist behaupten, dass es sich beim banalen Überleben-Wollen um eine Ideologie handelt! Um eine Ideologie! Der Kampf ums Überleben! Und selbst einzelne Vertreter der Grünen oder des *WWF* lassen in Bezug auf die Aktionen des friedfertigen, zivilen Widerstands verlauten: Sie seien kontraproduktiv und schaden dem Klimaschutz.

Herrn Ottos Hals ist inzwischen dick wie eine Litfaßsäule. Er fragt sich, welche Form des Aktivismus denn in den Augen der Klimaleugner, -verdränger und -verharmloser überhaupt produktiv wäre? Wenn schon all die von ihm recherchierten Aktivitäten, Warnungen und Alarmsignale nichts gebracht haben?

Offenbar gar keine, folgert Herr Otto. Man will nicht auf das drohende Ende der Geschichte hingewiesen werden. Man reagiert reflexartig mit Dagegen-Sein. Mit Leugnung, Verdrängung, Verharmlosung und mit Kriminalisierung der Aktivisten. Mit dem Effekt, dass in Sachen Klimaschutz nichts oder viel zu wenig passiert. Und das Wenige, das passiert, passiert zu langsam oder zu spät.

Herr Otto liebt Kurzgeschichten. Und er liebt sein Leben. Und sein geschwollener Hals schwillt jetzt so stark, dass auch der Hutkrempenkragen platzt. Vom Hut bleibt nur noch Wut. Das ist es dann wohl gewesen, denkt Herr Otto. Dies ist also die Kurzgeschichte der Menschheit!

Doch dann trotzt Herr Otto seiner Stinkwut. Er denkt: Diese Kurzgeschichte gefällt mir überhaupt nicht! Sie macht mir richtig Angst, sie ist so beschissen, … ich muss etwas tun! Und er beschließt, sie aufzuschreiben und bei allen Kurzgeschichtenwettbewerben der Welt einzureichen. In der Hoffnung, dass sie, so wie ihm, auch allen anderen die Hutschnur platzen lässt. Dass niemand sie hören will, dass sie keine Chance hat! Dass Jurys und Publikum ausnahmsweise lieber eine längere Geschichte wünschen, vielleicht sogar einen richtigen Roman, oder gar einen ewig dicken Wälzer, zumindest so dick und lang wie die 170 Millionen Jahre lange Geschichte der Dinosaurier!

Hinter seiner rußverschmierten Stirn beginnt es zu arbeiten. Ist doch ganz logisch, denkt Herr Otto dann. Wenn immer alle dagegen sind, muss man sich genau diese Tatsache zunutze machen! Man muss einfach den Spieß umdrehen und genau das Gegenteil fordern. Wenn dann auch wieder alle dagegen sind, besteht vielleicht noch Hoffnung. Hofft Herr Otto.

Und so schreibt er:

Das alles muss ein schnelles Ende haben, wir können das ewige Gejammer der Klima-Aktivisten und Wissenschaftler schon nicht mehr hören! Wir lassen uns den Spaß an der Kurzgeschichte nicht verderben!

Wir wollen keinen mühseligen Kampf um ein paar zusätzliche Jährchen, um ein paar lausige Seiten mehr im Buch der Menschheitsgeschichte. Es war sehr schön, es hat uns sehr gefreut, aber bitte gehen wir, solange wir es noch selbst entscheiden können! Alles hat nun mal ein Ende, man muss auch loslassen können. Halten wir uns dabei aber an die bewährten Regeln der Dramaturgie, und die besagen: Jede gute Geschichte steuert zum Schluss auf einen echten Höhepunkt zu. Lassen wir es daher noch einmal so richtig krachen, machen wir ein Fass auf, die große Party kann beginnen!

Verbrennen wir Gas und Kohle ohne Ende und gießen wir zusätzlich Öl ins Feuer! Freuen wir uns über schöne, warme Temperaturen mitten im Winter, auf ein Leben unter Palmen, hitzefrei für alle!

Sonnen wir uns in wohliger Endzeitstimmung, amüsieren wir uns über das hemmungslose Treiben der Treibhausgase, lachen wir über die lustigen Zahlenspiele von Wissenschaft und Forschung. Wozu brauchen wir eigentlich ein Klima?

Heizen wir mit übermotorisierten SUVs auf der Autobahn, bis der Asphalt schmilzt, legen wir unser Erspartes schnell noch in eine krasse Kreuzfahrt an, in viele, viele Kurzstreckenflüge! Schmausen wir Fleisch, bis der Arzt kommt, feiern wir Fußball in heruntergekühlten Stadien in der Wüste, ziehen wir den Eisbären die Eisscholle unterm Arsch weg! Was für ein Mordsspaß!

Applaudieren wir dem reichsten einen Prozent der Menschen für ihren Lebensstil, mit dem sie 17 Prozent der weltweiten CO_2-Emissionen verursachen! Bedauern wir, dass wir nicht zu ihnen gehören, denn dann könnten auch wir noch viel effizienter prassen! Eine Yacht kaufen, eine Flotte von Porsches, Ferraris und Lamborghinis fahren oder mit dem Privatjet schnell zum Shoppen nach Dubai fliegen!

Vergessen wir lästige Windräder, verzichten wir auf Photovoltaik und Wärmepumpen, investieren wir das Geld lieber in Aktien von Exxon, BP und OMV! Dann gehören wir sicher zu den Gewinnern!

Loben und preisen wir unsere Schneekanonen, sausen wir auf Kunstschnee in den Abgrund! Ergötzen wir uns an sensationellen, einzigartigen Naturkatastrophen, sie ersparen uns die Produktion von teuren Horrorfilmen!

Fackeln wir die Wälder ab, lassen wir Gletscher und Polkappen schmelzen, den Meeresspiegel steigen, endlich bekommt Österreich wieder einen Zugang zum Meer!

Schlürfen wir die Trockenbeerenauslese vom grönländischen Südhang, den direkt gepressten Glühwein aus dem Weinviertel, ernten wir Bratkartoffeln direkt vom Acker, Popcorn direkt vom Feld, genießen wir gekochte Frühstückseier direkt aus dem Huhn!

Überfahren wir zur allgemeinen Belustigung die letzten Klima-Aktivisten, die am Leben und auf der Straße kleben!

Befeuern wir unsere Sensationsgier mit Hungersnöten und der ungebremsten Völkerwanderung von Klimaflüchtlingen! Lösen wir zum Mitfiebern Kriege um Wasser und Rohstoffe aus! Und lassen wir zum finalen Höhepunkt noch ein paar Atomkraftwerke explodieren!

Ach ja, und nicht zu vergessen: Jubeln wir den Parteien und Politikern zu, die uns diese wunderbare, unbegrenzte Freiheit ermöglichen!

Mensch, versteh doch, 300 000 Jahre und 1 835 Wörter sind wirklich mehr als genug! Freu dich auf das Ende dieser Kurzgeschichte!

E-MAILS AN CLAUDIA

TAMIA ZWISCHENBERGER

Von: Walter W.
An: Claudia W.
Datum: 28. Februar 2023, 17:30

Salomon war wieder hier.

Aus irgendeinem Grund kann er mich nicht ausstehen, aber er ist immer derjenige, der mir mein Essen bringt.

Ob er sich freiwillig meldet? Aber warum?

Wenn er es so sehr hasst, mit mir zu sprechen, dann kann er jemand anderen bitten, mir mein Essen zu bringen.

Sprechen? Er? Mit mir?

Ich weiß nicht mehr, wann es anfing, aber Salomon hat schon eine gefühlte Ewigkeit nicht mit mir gesprochen.

Anfangs, ja anfangs da haben wir uns gut unterhalten können.

Wir lachten und erzählten uns Geschichten, wie alte Freunde.

Er kann fantastisch erzählen, weißt du, Claudia?

Er erzählte mir von seiner Heimat, Nigeria. Was ihn dazu bewegt hat, nach Europa zu kommen und schließlich nach Österreich.

Trotzdem kann er mich jetzt nicht mehr leiden.

Ich war immer nett zu ihm. Hatte keinen Grund, es nicht zu sein.

Habe ich was Falsches gesagt oder getan?

Aber was?

Ich bin mir sicher, du und Salomon würdet euch gut verstehen.

Er hat auch eine kleine Tochter, so wie wir. Sie heißt Annabell oder einfach nur Anna.

Ich kann euren Besuch kaum erwarten.

Von: Walter W.
An: Claudia W.
Datum: 05. März 2023, 17:30

Ich hatte heute unerwarteten Besuch.

Ein dicklicher Mann mit schwarzem Schnauzer und einer Lesebrille.

Er sagte …

Verdammt! Was war es nochmal?

Es war etwas Wichtiges. Es war sogar sehr wichtig. Trotzdem kann ich mich nicht daran erinnern.

Er sah … enttäuscht aus. Ich glaube, er hat mir schlechte Nachrichten gebracht.

Wichtige schlechte Nachrichten. An so etwas erinnert man sich doch zum Teufel!

Seit dieser Mann da war, habe ich Kopfschmerzen. Ich habe Salomon davon erzählt. Vielleicht aus Gewohnheit oder weil ich außer ihm kaum jemanden sehe.

Zu meiner Überraschung hat er mir Schmerzmittel gebracht.

Von: Walter W.
An: Claudia W.
Darum: 12. März 2023, 17:30

Ich war heute kurz im Garten.

Das Wetter ist schön frühsommerlich. Wann kommen die ersten Singvögel eigentlich wieder zurück?

Während ich im Garten war, sah ich, wie Salomon mit einer jungen Frau sprach, die mich unheimlich an dich erinnert hat.

Ich war so geschockt, dass ich in Ohnmacht fiel, als ich sie sah.

Es war so, als ob ich einem Klon von dir begegnet wäre aus der Zeit, als wir uns kennengelernt haben.
Ihr Haar hat denselben Braunton, ihre Stimme klingt deiner zum Verwechseln ähnlich.
Ob unsere Sarah auch eines Tages so aussehen wird?
Das Einzige, was die Illusion zerstört hat, waren ihre Augen. Du und Sarah, ihr habt die schönsten Augen, die ich je gesehen habe. Ein Grün von frisch gemähtem Gras, auf das die Sonne scheint.
Eure Augen sind wie edle Smaragde, die in einen Tresor gehören.
Die Augen dieser Frau sind braun und so geläufig wie ein Fünf-Euro-Schein.
Trotzdem haben sie etwas Fesselndes, etwas, das ich nicht beschreiben kann.

Von: Walter W.
An: Claudia W.
Datum: 13. März 2023, 17:30

Ich wachte auf und ich erinnerte mich.
Der Mann, der mich besucht hat. Der mit dem Schnauzer und den schlechten Nachrichten.
Ich hatte ihn schon gesehen.
Damals hatte er einen ernsten, konzentrierten Blick, der sich nur schwer vergessen lässt.
Trotzdem hatte ich ihn vergessen.
Ich habe das Gefühl, mich in letzter Zeit an so einiges nicht erinnern zu können.
Ich habe ganze Interaktionen vergessen. Ich kann Salomon nicht fragen, was ich getan habe, um seine Freundschaft oder Sympathie zu verlieren. Es würde ihn wahrscheinlich noch wütender machen, wenn er wüsste, dass ich meinen Fehltritt vergessen habe.
Claudia, was passiert mit mir?

Von: Walter W.
An: Claudia W.
Datum: 18. März 2023, 17:30

Die wievielte E-Mail ist das nun?

Die Zweite, die Zehnte?

Man lässt mich nicht auf Papier schreiben. Aus irgendeinem Grund sind Stifte hier schwerer aufzutreiben als Koks.

Weißt du noch, als ich dir von der Frau erzählt habe, die dir so ähnlichsieht? Die Frau, die mit Salomon gesprochen hat.

Sie hat Salomon heute wieder begleitet, aber nicht im Garten auf einen Spaziergang, sondern bei der Essensauslieferung.

Das arme Ding war entsetzlich nervös. Sie stand abseits und hat ihr Bestes getan, keines von Salomons Worten zu überhören, als ob ihr Leben davon abhinge, seinen Anweisungen auf den Buchstaben genau zu folgen.

Ich würde gern mit ihr sprechen. Herausfinden, ob ihr Charakter dem deinen so ähnelt wie ihr Aussehen.

Ich bezweifle zwar, dass ich die Gelegenheit dazu bekommen werde, aber hoffen kann man ja.

Der Mann mit Schnauzer war auch wieder hier.

Ich kann mich wieder nicht daran erinnern, was er mir gesagt hat, aber ich fing an zu hyperventilieren und der Besuch wurde unterbrochen.

Mir ist schlecht. Er meinte, er würde wiederkommen, um mir „die Lage zu erklären“.

Ich will ihn nicht sehen, aber ich weiß, dass ich es trotzdem muss.

Ich habe ein ungutes Gefühl.

Von: Walter W.
An: Claudia W.
Datum: 23. März 2023, 17:30

Ihr Name ist Larissa.

Die Frau, die Salomon in letzter Zeit bei der Essensauslieferung begleitet.

Zu meiner großen Überraschung hat sie mir heute mein Essen allein gebracht.

Sie erzählte mir, dass sie gerade erst hier angefangen habe.

Hier …

Stimmt ja. Es ist so lange her, seit ich „hier“ bin, dass ich aufgehört habe, mich zu fragen, wo „hier“ eigentlich ist.

Ich hatte recht. Etwas stimmt hier nicht.

Als ich mein Abendessen gegessen habe, ist mir aufgefallen, dass mein Jogurt anders schmeckte als sonst. Süßer.

Meine Gedanken scheinen sich etwas zu klären, Claudia.

Ich habe das Gefühl, zum ersten Mal seit Langem wieder klar denken zu können. Meine Kopfschmerzen werden jedoch auch immer schlimmer.

Claudia, ich glaube, ich bin kurz davor, mich an etwas zu erinnern. An etwas Wichtiges.

Ich freue mich und trotzdem habe ich auch irgendwie Angst davor.

Von: Walter W.
An: Claudia W.
Datum: 07. April 2023, 17:30

Ich erinnere mich

Die letzte Woche war … aufschlussreich.

Ich habe endlich aufgehört, mich zu fragen, warum du und Sarah mich nicht besuchen kommt.

Es ist eine Schande, dass ich euch nicht sehen kann, aber ich schätze, der Einzige, dem ich dafür die Schuld geben kann, bin ich selbst.

In der letzten Woche hat Larissa mir immer mein Essen gebracht. Ich schätze, Salomon ist auf Urlaub.
Ich kann Larissa gut leiden, weißt du, Claudia?
Sie ist dir tatsächlich auch charakterlich sehr ähnlich. Ich könnte fast glauben, wieder mit dir zu reden, wenn da nicht ihre Augen wären.
Ich kann sie gut leiden, aber trotzdem …

Von: Salomon Ibrahim
An: Barbara Edelmaier (Institutionsleitung)
Datum. 07. April 2023, 21:15
Vorfallbericht
Sehr geehrte Frau Edelmaier,
ich möchte mein tiefstes Bedauern über den Vorfall ausdrücken, der sich heute ereignet hat.
Wie gewünscht, schicke ich Ihnen direkt meinen Bericht über den Vorfall.
Der Klient ist in unsere Obhut übergegangen, nachdem vom Gericht entschieden wurde, dass er aufgrund seiner psychischen Verfassung zum Zeitpunkt des Mordes an seiner Frau, Claudia W., und seiner Tochter, Sarah W., nicht zurechnungsfähig war.
Er weigerte sich anfangs, seine Medikamente zu sich zu nehmen, darum wurden sie in Pulverform in seine Nachspeisen gemischt.
Viele der Kollegen waren der Ansicht, dass der Klient seine Psychose nur vortäuscht, um nicht ins Gefängnis zu müssen. Besonders das nicht-medizinische Personal mied ihn. Vom Pflegepersonal war ich derjenige, der sich am häufigsten dazu bereit erklärte, dem Klienten seine Mahlzeiten und Medikamente zu bringen.
Die Familie von Claudia W. drängte auf eine erneute Evaluierung seines Geisteszustandes. Herrn W.s Rechtsbeistand kam Mitte März, um ihm mitzuteilen, dass das

Gericht dem höchstwahrscheinlich zustimmen würde. Der Klient reagierte stark negativ auf diese Nachricht, hauptsächlich mit Verdrängung.
Während ich meinen geplanten Urlaub nahm, übernahm Kollegin G. meine Klienten, da sie von mir eingeschult wurde.
Die Kollegen scheinen übersehen zu haben, ihr mitzuteilen, dass der Klient dazu neigt, Medikamente in Tablettenform zu verstecken, um sie nicht nehmen zu müssen, und so kam es dazu, dass er für zwei Wochen keine Medikation bekam.
Herr W. folgte einer unregelmäßigen Routine, E-Mails an seine verstorbene Frau zu schreiben. Laut den Kollegen hat er diese Angewohnheit weiterverfolgt.
Um 18:00 hat Kollegin G. das Zimmer des Klienten Walter W. betreten.
Laut der Aussage von Kollegin G. schien der Klient geistesabwesend, aber ansonsten normal. Als sie sein Zimmer verlassen wollte, schlug er ihr mit einem stumpfen Gegenstand auf den Kopf.
Beim Hinfallen stieß die Kollegin einige Gegenstände um (u.a. eine kabellose Lampe).
Ich war gerade dabei, meine Schicht anzufangen, als ich und andere Kollegen in der Nähe durch den Lärm alarmiert wurden. Zusammen konnten wir Herrn W. daran hindern, Kollegin G. mit einem Löffel im Gesicht zu verletzen.
Zum Glück hat Kollegin G. keine schweren Verletzungen von dem Zwischenfall davongetragen, ihr wurden jedoch trotzdem zwei Wochen Urlaub zugesprochen, um sich physisch und psychisch von dem Vorfall zu erholen.

Mit freundlichen Grüßen, Salomon Ibrahim

STROMAUFWÄRTS

GABRIEL SCHÜTZ

Lisa wird beim Händchenhalten kalt. Eigentlich haben Steffi und sie nur zwei Finger ineinander gehängt, was vielleicht gar nicht als Händchenhalten zählt. Aber so gehen sie immer, bei jedem Wetter, sie gehen miteinander, sagte man früher statt „f.z." Heute pfeift der Wind durch ihre Hände, als wolle er sie auseinander frieren. Lisa möchte ihre Finger befreien und in die Ärmel des Regenmantels bis über die Kuppen ziehen, aber das tut sie nicht. Der Wind kann sie mal.

Lisas Kaugummi hat das Ende der Nutzungsdauer erreicht. Mit dem letzten Minzgeschmack im Mund sieht sie Amir durchs Bild laufen. In bloßen Tennissocken platscht er von links nach rechts durch die Straßenlacken, die sich überall bilden, denn in den Kanalgittern steht das Wasser bis zum Rand. Er schreit nach „Mati, Mati!", den sie nicht kennt, wohl aber Amirs Stimme, obwohl sie ihn schon lange nicht mehr gehört hat, immer nur gesehen. In dem Kaff läuft man sich dauernd über den Weg. Dabei muss sie jedes Mal lachen, weil sie an sein Gesicht auf der Berufsschulparty denkt.

„Mit wie vielen Typen hast du denn schon geschlafen, um sicher zu sein, dass du auf Mädchen stehst?"

„Mit keinem. Und du?"

Scheiß-Amir und scheiß-kalt. Trotzdem schaut Lisa über die Uferböschung zum reißenden Fluss. Stromabwärts klammert sich ein Junge an einen dünnen Baum, der aus einem Felsen sprießt. Mati! Ganz weit flussabwärts schwimmt ein Ball.

Lisa wählt den Notruf, während Steffi mit erhobenen Händen auf der Fahrbahn kreischt. Die Straße wäre breit genug und Steffi wirkt recht psycho. Trotzdem bremsen zwei: Alter Porsche und neuer SUV. Der Porsche-Fahrer sprintet hinunter zum Fluss.

Amir hat es zur stromaufwärts liegenden Seite des Felsens geschafft und umklammert den Jungen fest. Keine fünf Meter vom Ufer und trotzdem wirkt es unüberwindbar weit. Die Wassermassen schießen das Flussbett entlang und nehmen mit jedem Augenblick zu. Neben ihnen wirbelt ein entwurzelter Baumstamm vorbei. Amirs aufgerissene Augen blicken zur Böschung. Beim Anblick von Lazar ziehen sich seine Brauen zusammen.

Lazar sieht aus wie früher. Zu einem kurzen Zopf gebundene Haare, im Gesicht eine Härte, die jede Diskussion verbietet. Amirs heutige Frau hat damals schon im Club gewartet. Lazar stand an der Tür und schüttelte nur milde lächelnd den Kopf. „Geschlossene Gesellschaft.“ Dann winkte er andere Gäste freundlich durch.

Trotzdem schreit Amir „Hilfe“; zuerst zu Lazar, dann nach oben, als sei dort auch jemand. Das Wasser kühlt seinen Körper und er spürt, wie sein Junge zu zittern beginnt. Als er den Blick senkt, poppt im Augenwinkel ein bärtiger Mann in dunklem Mantel auf. Er hält ein Seil in der Hand, stolpert in schwarzen Anzugschuhen die Böschung hinab und rutscht so heftig aus, dass Lazar ihn auffangen muss. Der erkennt Maximilian sofort, obwohl er ihn nur einmal gesehen hat.

Lazar saß ihm gegenüber und hatte gerade bemerkt, dass seine nervösen Hände einen Schweißabdruck auf der gläsernen Schreibtischplatte hinterlassen haben, als Maximilian dahinter gähnte: „Wohnhaft sind Sie aktuell in Wien?“

„Das Uni-Pendeln wurde mir zu viel, da habe ich im Sechzehnten eine Wohnung gefunden.“

„Im Sechzehnten, natürlich", lächelte Maximilian, spreizte die Finger und legte die Kuppen aneinander. Dann senkte er den Blick wieder auf Lazars Lebenslauf und lobte: „Ihr Deutsch ist wirklich gut."

Auch jetzt sehen sie sich kaum an. Lazar schnappt trotzdem sofort ein Ende von Maximilians Kletterseil und bindet es an einen faustgroßen Stein. Maximilian packt das andere Ende, stolpert zu einem kräftigen Baum und wickelt es um seinen Stamm. Lazar schupft von unten, wie mit einer Boccia-Kugel im Park. Sein erster Wurf gelingt.

„Die Feuerwehr braucht noch", ruft Lisa.

Maximilian weiß, dass das Seil halten wird. Vor Jahren ist er am Montblanc zweimal hintereinander in so eines gefallen und als er zurückgekommen ist, hat er im selben Geschäft genau das gleiche nachgekauft. Lisa kneift die Augen zusammen, als sie Maximilians Gesicht sieht.

Er hatte damals keinen Bart, aber sie ist sich sicher, als er sich ganz zu ihr dreht, und sie die Narbe an seiner Schläfe erkennt. Es war eine harte Zeit für Lisas Bruder. Aus jeder Laune konnte er die Beherrschung verlieren. „Scheiß Bankster", hat er geschrien, als Maximilian vor der Bankzentrale aus seinem dunklen SUV stieg. Er wollte ihn gar nicht wirklich treffen, aber als Maximilian sich umdrehte, krachte die gläserne Colaflasche in sein Gesicht.

Maximilian erkennt Lisa auf den ersten Blick wohl nicht, dann öffnen sich Augen und Mund, als ober er etwas versteht. Trotzdem lächelt er sie kurz an, stützt seinen Schuh an einem Baumstumpf ab und bückt sich als erster zum Seil.

Im Fluss umklammert Amir den Jungen und beide hängen am Strang. Die vier am Ufer sind bereit zu ziehen. Die Oberfläche des Seiles ist ganz weich, feucht und kalt. Die zwei im Fluss lassen los und dann geht es schnell. Das Seil gibt nach, die Strömung reißt sie sofort mit. Dann spannt sich der Strang und die Vier ziehen mit ganzer Kraft.

SUPER, SAGT SIE

ERICH WIMMER

„Herzliche Gratulation!“, röhrte der bekannte Radioreporter Henry Bampler in den Äther. „Wir haben eine Gewinnerin. Sie heißt Frau Jolanda Gabel … und kommt aus Hundbrenning … Frau Gabel, wo ist denn dieses Hundbrenning? Ich vermute jetzt einfach einmal, dass nicht alle aus unserer Zuhörerschaft wissen, wo dieser Ort liegt …“

„Kabel …“, knisterte die Stimme der Gewinnerin durch die Leitung, „ich heiße Kabel mit ‚K‘ …“

„Verstehe, wie bei ‚Knoblauch‘ oder ‚Knallfrosch‘“, fand Bampler gleich zwei sinnige Beispiele. „Frau Kabel“, fuhr er fort, wobei er das „K“ nicht bloß betonte, sondern auf seiner Gaumenplatte explodieren ließ, genau wie den bereits zitierten Knallfrosch, „Sie haben gewonnen! Haben Sie das überhaupt schon so richtig registriert?“

„Was gewonnen?“, wollte die Anruferin wissen.

„Sie sind zu mir durchgekommen“, erklärte Bampler, „und jetzt sind Sie live auf Sendung. Das ist schon einmal Ihr erster Gewinn. Weil, was glauben Sie denn, wie viele Leute bei unserem Gewinnspiel anrufen, wenn wir die Leitung freischalten?“

„Weiß nicht“, gab Frau Kabel zu.

„Dann raten Sie einmal.“

„… schon ein paar?“

„Falsch“, sagte Bampler, „es sind viele … sehr viele. Und die haben Sie alle abgehängt, Frau Kabel. Wie fühlt sich das an?“

„Echt super“, gab Frau Kabel zu.

„Echt super, sagt sie“, wiederholte Bampler, um auch jenen aus der Zuhörerschaft die Tragweite der Schönheit dieser Antwort zu verdeutlichen, die es nicht gleich verstanden hatten.

„Und echt super“, nahm Bampler die famose Wortkombination gleich noch einmal auf, „sind auch die Preise bei unserem Gewinnspiel. Sie kennen unser Spiel, Frau Kabel, Sie wissen, wie das geht?“

„Ich glaub’ schon …“

„Sie glaubt schon“, griff Bampler erneut auf das ihn entzückende Hörerinnenwort zu, „ich glaub auch, Frau Kabel, dass Sie das wissen. Aber zur Sicherheit sag ich es noch einmal: Weil sicher ist sicher, stimmt’s?“

„Ja.“

„Ja, sagt sie, unsere Gewinnerin“, peitschte Bampler die Stimmung auf, „also Frau Kabel, es geht so: Sie sagen uns eine Zahl zwischen eins und zehn und ich …“

„Sieben“, unterbrach Frau Kabel die Ausführungen des Moderators.

„Äh, warten Sie noch kurz“, bat Bampler irritiert, „ich bin noch nicht fertig. Und Sie, wenn Sie die Zahl wissen, dann sagen Sie sie uns, und wir machen das Türl auf, auf unserem Adventkalender … dann schauen wir gemeinsam rein, was für ein toller Preis da auf uns wartet … so weit alles klar?“

„Vier.“

„Wie … Vier?“, stutzte Bampler.

„Meine Zahl“, erklärte Frau Kabel, „mir ist Vier lieber …“

„Das können Sie sich jetzt noch überlegen“, gestand Bampler seiner Hörerin zu, „wir müssen sowieso zuerst die Spannungsmusik spielen. Erst wenn die vorbei ist, gilt es. Dann müssen Sie Ihre Zahl wissen … alles klar?“

„Ja.“

„Sehr gut, Frau Kabel", freute sich Bampler, „dann werde ich einmal die Musik spielen. Sie wissen, was das Besondere ist an unserer Spannungsmusik?"

„Nein."

„Was?!", erschrak Bampler. „Sie hören doch regelmäßig RADIO Ö-JÖ, oder?"

„Freilich – bei uns rennt der Radio den ganzen Tag."

„Aber?"

„Bei uns ist es oft einmal zu laut fürs Radio."

„Sie meinen", versuchte Bampler in der engeren Verständniszone zu bleiben, „Sie hören uns zwar, können uns aber nicht immer verstehen, weil es bei Ihnen zu laut ist?"

„Genau."

„Darf ich fragen", holte Bampler devot aus, und diesmal sogar mit einigen Funken echten Interesses, „warum es bei Ihnen so laut ist?"

„Wegen die Schrapnelle."

„Schrap … was?", stutzte der Reporter.

„Wir machen die in Heimarbeit", sagte Frau Kabel, „so, wie andere Kugelschreiber zusammenstecken, stecken wir Schrapnelle zusammen. Aber manchmal tuscht's auch und dann hören wir es nicht so gut …"

„Sie meinen, die Schrapnelle explodieren einfach?", fragte Bampler verwundert, „ist das nicht gefährlich?"

„Nein", beruhigte ihn die Anruferin, „gefährlich nicht, aber laut. Wir machen Schrapnelle für Schreckschussanlagen."

„Interessant … sowas habe ich ja noch nie gehört", gab der Reporter zu und überging vor lauter Staunen sogar die stößelnden Handbewegungen seiner Studiotechnikerin, die immer wieder eine imaginäre Uhr auf ihrem Handgelenk bemühte und dringlich mit den Augen rollte, wenn Bampler in ihre Richtung blickte. Er aber, ganz Herr der Quote und im Gegensatz zu seiner Technikerin empfänglich für den beginnenden Herzschlag einer ergreifenden Geschichte, spürte untrüglich das Potenzial dieser Anruferin. Ihre Worte waren im doppelten Sinn des Wortes explosiv.

„Für wen sind denn die Schreckschussanlagen?“, fragte Bampler mit ehrlichem Interesse.

„Für den Wolf“, präzisierte Frau Kabel, „damit der sich schreckt und weglauft.“

„Sie produzieren also Schrapnelle für Wolfschreckschussanlagen“, fasste Bampler das Gehörte zusammen, „kann man das so sagen?“

„Ja“, gab Frau Kabel zu. „Trotzdem erwischt's oft auch wem anderen.“

„Wen denn?“

„Wanderer“, antwortete Frau Kabel. „Weil die Anlage geht mit Lichtschranken. Wenn da wer durchgeht, dann tuscht es immer. Weil dem Schrapnell ist es egal, ob es einen Wolf schreckt oder einen Wanderer.“

„Und wie muss man sich das vorstellen“, fischte Bampler nach näheren Informationen, „wie reagieren die Erschrockenen?“

„Eigentlich fast gleich“, antwortete Frau Kabel lapidar. „Der Wolf rennt weg und der Wanderer auch, wenn er noch kann …“

„Wieso sollte er nicht mehr können?“

„Wegen dem Schlagerl“, erklärte Frau Kabel. „Manche kriegen es dann mit dem Herz.“

„Sie meinen“, hakte Bampler nach, „manche Wanderer bekommen einen Herzinfarkt?“

„Ja, schon“, bestätigte Kabel, „weil der Tuscher ist schon sehr laut.“

„Verstehe …“, staunte Bampler, völlig ergriffen von den Bildern, die sich angesichts des Gehörten in ihm ausmalten.

„Und die“, fuhr die Anruferin unaufgefordert fort, „die was es überleben, da sind die meisten verwirrt. Gröber verwirrt.“

„Was wollen Sie damit sagen?“, forderte Bampler eine Klärung.

„Sie kennen sich nicht mehr aus und rennen auch in den Wald, so wie der Wolf“, sagte Frau Kabel. „Dort verschwinden s' dann. Die Jäger finden nur mehr das Gewand, wenn überhaupt … die Wanderer bleiben aber meistens verschwunden.“

„Heißt das … ich … also …“, stammelte Bampler, der sich auf der Spur einer unfassbar sensationellen Geschichte wähnte, „dass, also gibt es einen Zusammenhang zwischen den erschrockenen Wölfen und den verschwundenen Wanderern?“

Frau Kabel seufzte.

„Die einen Jäger sagen so, die anderen so. Genau weiß es niemand nicht.“

„Aber insgesamt“, versuchte Bampler ein größeres Bild anzuvisieren, „insgesamt ist das doch alles ein Wahnsinn? Ich meine, die Öffentlichkeit weiß das ja gar nicht. Meine Kollegen und ich, wir berichten oft von Menschen, die spurlos verschwinden und nie wieder auftauchen. Aber dass die teilweise verwirrt durch den Wald irren, nach Schreckschussschüssen, und dort dann … was ganz und gar … Rätselhaftes erleben, also, dafür gibt es ja noch gar kein öffentliches Bewusstsein. Das ist ja wie, ich meine, entschuldigen Sie jetzt den Vergleich, aber mir kommt das so vor wie beim Märchen vom Rotkäppchen, nur irgendwie in echt, oder?“

„Sicher“, gab Frau Kabel unumwunden zu. „Arg ist es schon irgendwie. Aber noch ärger wäre es ohne Schrapnelle.“

„Wieso?“, stutzte Bampler.

„Ohne Schreckschuss wäre der Wolf schon längst in der Stadt“, erklärte Frau Kabel kaltschnäuzig. „Dann sitzerten die Rudel am Hauptplatz in Linz und täten die Pestsäule anheulen.“

„So viele Wölfe gibt es?“, hakte Bampler nach.

„Ja, mehr wie genug“, bestätigte Kabel.

„Dann kann man eigentlich sagen", begann Bampler umständlich, „dass Hundbrenning eine Bastion ist gegen die Invasion der Wölfe."

„Ja, kann man."

„Ja, kann man, sagt sie so beiläufig", tauchte Bampler endlich wieder aus den märchenhaften Tiefen, in die der Dialog die Anruferin und ihn geführt hatte. „Das war jetzt sehr interessant, Frau Kabel. Danke für Ihre Ausführungen. Das hat unsere Hörerschaft bestimmt nachdenklich gestimmt … aber jetzt ist es höchste Zeit: Wir müssen mit unserem Gewinnspiel weitermachen. Weil die Sendezeit ist auch nicht unbeschränkt. Wo waren wir?"

Bampler blickte hinüber zu seiner Technikerin, die ihm sofort zweierlei deutete: einen Vogel, der dem Umstand galt, wie gnadenlos er die Sendezeit überzogen hatte, und dringliche Trommelschlägelbewegungen, die ihm den nächsten, längst überfälligen Sendungsschritt veranschaulichen sollten. Bampler nickte beschwichtigend und wandte sich wieder an die Anruferin.

„Frau Kabel, ich trommle jetzt – und wenn die Trommel aufhört, dann sagen Sie Ihre Zahl. Sind Sie so weit?"

„Ja."

„Gut."

Bampler nahm die Trommel vom Beistelltisch und schlug mit den bloßen Händen auf das Fell. Im Jargon der Redaktion hieß dieser Vorgang „bampeln". Wenn Bampler bampelte stand eine Preisverleihung kurz bevor.

„Neun", rief Frau Kabel sofort, als der letzte Trommelwirbel noch gar nicht richtig verklungen war.

„Neun", wiederholte Bampler, „sind Sie sicher?"

„Nein", gab Frau Kabel zu, „mir ist doch Vier lieber."

„Was jetzt?", wurde Bampler unrund, „Neun oder Vier?"

„Geht Eins auch noch?", wollte die Anruferin wissen.

„Ja. Aber Sie müssen sich endlich für eine Zahl entscheiden“, befahl Bampler streng. „Frau Kabel: Überlegen Sie jetzt gut, nennen Sie eine Zahl und bei der bleiben wir dann.“

„Zehn!“

„Gut“, schnaufte Bampler hörbar genervt, „ich öffne jetzt die Adventkalendertür mit der Ziffer Zehn …“

In der Pause, die auf diese Ankündigung folgte, war nichts zu hören. Solche Momente bezeichnete der Sender immer wieder als Geschenke der Stille. Diese Geschenke hatten zwei Vorteile: Erstens waren sie tatsächlich Geschenke, zumindest für Leute, die geräuschlose Sekunden nicht als Leerläufe und Zumutung, sondern als Atemholpausen erspüren konnten, und zweitens sparte man sich technisch aufwendige Zwischenmusik.

„So, Frau Kabel mit ‚K‘ wie ‚Knallfrosch‘“, griff Bampler auf einen bewährten Jokus zurück, „das Kästchen ist geöffnet und die Gewinnerin erhält … eine exklusive Wärmflasche der Firma Wupf-Gummiartikel im Gesamtwert von über zehn Euro!“

„Super“, jubelte Frau Kabel.

„Super, sagt sie, das taugt ihr“, stimmte Bampler in den Jubel ein. „Was wird sie … was werden Sie denn damit machen? Haben Sie schon eine Idee?“

„Ja“, antwortete Frau Kabel, „einen Teil bekommen die Kinder, den anderen der Odati … dem ist eh immer so kalt auf die Füß, seit er in Stalingrad war.“

„Aber Sie bekommen nur eine Wärmflasche“, betonte Bampler die Einzahl.

„Ja“, sagte Kabel, „aber die zerschneid ich in der Mitte und löte die Hälften wieder neu zusammen. Dann haben wir zwei kleine Flaschen und die Kinder haben eine Freude und der Odati auch.“

„Groß … artig …“, staunte Bampler.

„Ja“, bestätigte Frau Kabel. „Ich sag immer so: Wer sich bei einem Schrapnell gut auskennt, so wem schreckt auch eine Wärmflasche nicht.“

„Das war jetzt aber ein schönes Schlusswort“, erkannte Bampler das Potenzial dieses Bonmots, „Frau Kabel, wir danken Ihnen sehr herzlich für Ihre Teilnahme und wünschen Ihnen viel Freude mit Ihrem Preis!“

„Ich soll auch vom Odati grüßen“, rief Frau Kabel noch in die Endmoräne ihres Auf-Sendung-Seins, „so gefreut hat er sich nicht mehr, seit er aus dem Krieg zurückgekommen ist! Er möchte noch was von der Zeit damals erzählen ...“

„Das freut uns jetzt aber ganz besonders“, jauchzte Bampler, touchierte aber vor lauter Freude den OFF-Knopf, worauf der Kontakt nach Hundbrenning unwiderruflich verlorenging.

BERTLS LETZTES BUCH

DENNIS STAATS

Der Bertl schaltete seinen Laptop aus und massierte sich die Nasenwurzel mit Daumen und Zeigefinger seiner guten Hand. Die andere war seit dem Autounfall nicht mehr zu gebrauchen. Deswegen war er beim Schreiben von seiner alten Olivetti auf diese seelenlose Plastikprothese mit dem halb aufgefressenen Apfel auf dem Deckel umgestiegen. Diese Dinger waren einem Schriftsteller, der etwas auf sich hielt – was der Bertl zweifellos tat – unwürdig.

Die kaputte Hand war nach dem Unfall jedoch sein geringstes Problem gewesen. Gebrochene Rippen. Gebrochene Wirbel. Zertrümmerte Beine. Eine kollabierte Lunge. Kurz gesagt, es hatte ihn ganz schön erwischt. Der Arzt hatte gemeint, dass er Glück gehabt hätte, noch am Leben zu sein. Aber der Bertl wusste, dass das nichts mit Glück zu tun hatte. Es war für ihn schlicht noch nicht an der Zeit gewesen.

Der Unfall ereignete sich kurz nach der Veröffentlichung seines vierten Romans. Nach allem, was er damals schon gewusst hatte – über das Schreiben, das Sterben – hätte er es eigentlich kommen sehen müssen. Er hätte einfach aufhören sollen. Etwas anderes tun. Das hätten wohl die meisten getan. Aber wenn man eines über den Bertl wissen musste, dann, dass er immer schon Schriftsteller werden wollte. Er liebte es, sich Geschichten auszudenken. Es war das Einzige, das er gut konnte. Er konnte nicht singen, hatte keinerlei Talent fürs Zeichnen und bei dem Versuch, etwas handwerklich zustande zu bringen, hätte er sich wahrscheinlich aus Versehen umgebracht. Ihm blieb nur das Schreiben.

Seine Eltern hatten dafür niemals Verständnis aufbringen können. Lehrer. Bankangestellter. Notar. Das war etwas Handfestes. Etwas Ehrliches. Wo man freitags zum Mittagessen zuhause war. Spätestens. Ein Schriftsteller hingegen war in ihrer Welt nichts Besseres als ein verlotterter Hütchenspieler. Ein Gaukler, der den Leuten ein „X“ für ein „U“ vormachte. Mit einem Bein im Obdachlosenasyl, mit dem anderen im Häfen. Die Menschen würden nicht lesen, hatten sie gesagt. Und wenn, dann bestimmt keine Bücher. Da war schon was dran. Und trotzdem.

Der Bertl konnte nicht anders. Das, was da in ihm drinnen war, in ihm schlummerte wie ein Virus, musste raus. Ausbrechen. Aufs Papier. Wenn er nicht schrieb, wurde er fahrig. Aggressiv. Er machte Dummheiten. Darum schrieb er so gut wie immer. Er schrieb, während ihn seine Schulkameraden als Weichei verspotteten. Später schrieb er in der Arbeit. In der U-Bahn. Auf dem Klo. Er schrieb, als seine Eltern starben. Im Abstand von nur vierzehn Monaten. Er schrieb weiter.

Währenddessen erlebte er, wie seine Freunde ihre ersten Autos kauften. Die erste eigene Wohnung. Familien gründeten. Es gab Tage, da überkam ihn eine dumpfe Einsamkeit, aber immer gelang es ihm, das Gefühl abzuschütteln, bevor es sich richtig in ihn verbeißen konnte. Selbstmitleid war nicht sein Ding. Selbstgeißelung entsprach eher seiner Natur. Er wusste, dass er die Geschichten, die in ihm rumorten, Schicht für Schicht aus seiner Seele herausschaben musste. Er musste tief schneiden. Auch wenn es weh tat. Nur so konnte es funktionieren.

Der Bertl schenkte sich ein großes Glas Whiskey ein und leerte es in einem Zug. Er würde diesen Geschmack vermissen. Es gab nicht viel auf der Welt, das er vermissen würde, wenn er erst einmal tot war. Aber ein guter Whiskey gehörte schon dazu. Er schenkte sich noch einmal nach und schlurfte dann ins Badezimmer.

Es würde Regen geben. Das verriet ihm die schmerzende, wulstige Narbe auf seinem Bauch. Dort, wo ihn die verrückte Stalkerin mit der Bohrmaschine erwischt hatte. Das war auf der Lesetour zu seinem zweiten Roman gewesen. Der Sanitäter hatte ihm noch auf dem Parkplatz der Buchhandlung verraten, dass es sich um einen 12er-Holzbohrer gehandelt hatte. Aber das hatte der Bertl schon vorher gewusst. Sieben Monate vorher, um genau zu sein, als er die Szene für sein drittes, damals noch unveröffentlichtes Buch geschrieben hatte. Ein Buch, das zu diesem Zeitpunkt noch niemand kannte, das er noch keinem Menschen – nicht mal seinem Verleger – gezeigt hatte.

Es war seltsam, aber in diesem Moment, auf dem dreckigen Asphalt liegend hatte er verstanden, was los war. Was mit ihm geschah. Erstaunlich schnell hatte er es als gegeben hingenommen. Es ergab alles einen Sinn. Seine Geschichten wurden für ihn auf unerklärliche Weise zu seiner Realität. Hörte sich das verrückt an? Sicher. Aber es passierten jeden Tag verrückte Dinge auf der Welt. Also warum nicht das Offensichtliche akzeptieren, egal wie verrückt es auch scheinen mochte?

Während er die Wanne volllaufen ließ, las der Bertl den Satz, den er von Roland Barthes gestohlen und mit schwarzem Magic Marker auf den Badezimmerspiegel geschrieben hatte:

Ich interessiere mich für Sprache, weil sie mich verwundet oder verführt.

Der Bertl wünschte sich nicht zum ersten Mal in seinem Leben, Sprache hätte die Macht, ihn zu verführen. Er hatte versucht, sie dazu zu zwingen. Hatte angefangen, Geschichten über grenzenlosen Reichtum zu schreiben. Über weiße Sandstrände. Schöne Frauen. Leidenschaftlichen Sex. In der Hoffnung, diese Dinge würde auch für ihn wahr werden. Vergebens. Immer, wenn er versuchte, einen solchen Text zu Papier zu bringen, war spätestens nach ein paar Seiten Schluss. Er kam nicht weiter. Also blieb ihm nur der Schmerz.

Alles, was mit seinen Figuren geschah, alles was er ihnen antat, wurde auch im angetan. Jedes seiner Bücher bezahlte er teuer. Mit Blut. Narben. Und Schmerzen. Der Schmerz war real. Es war sein Schmerz. Er nahm ihn an, als Teil seiner Arbeit. Und mit jedem neuen Buch wurde es schlimmer.

Mit einem Stöhnen ließ der Bertl seinen geschundenen Körper ins heiße Wasser gleiten. An Tagen wie diesen fühlte er sich wie ein Preisboxer nach einem langen Tag auf dem Jahrmarkt. Warum überhaupt weitermachen? Warum nicht aufgeben? Wo der Preis doch so hoch war und der Einsatz mit jedem Tag stieg?

Abgesehen von seiner Liebe für das Geschichtenerzählen war es seine unbeschreibliche Eitelkeit, die den Bertl ausmachte. Ständig durchforstete er online Bücher-Communitys und Leseforen nach Kommentaren zu seinen Romanen. Akribisch studierte er Rezensionen von Lesern, auf der Suche nach solchen, die sein Können infrage stellten. Schlimmer noch, als wenn Leser schlecht von ihm sprachen, war in seinen Augen nur, wenn sie gar nicht von ihm sprachen. Sondern über einen anderen Autor. Jünger als er. Oder gar talentierter. So etwas stachelte ihn an. Dann zwang er sich weiterzumachen, um es ihnen allen zu beweisen. Diese Art der Motivation war fragwürdig. Nicht gesund. Aber so war der Bertl nun mal.

Ein rotes Rinnsal bahnte sich seinen Weg von Bertls Nase, über seine Brust ins Wasser. Dort löste es sich scheinbar in nichts auf. Doch er wusste, dass das nur eine Illusion war. Nichts verschwand jemals wirklich. Es lauerte nur unter der

Oberfläche. Wenn er lange genug hier liegen würde, würde sein Blut das Badewasser erst blassrosa, dann dunkelrot färben.

Sein Nasenbluten wurde stärker. Trotzdem machte sich der Bertl keine Sorgen. Er hatte ja noch ein paar Kapitel zu schreiben. Noch ein bisschen Zeit. Er schloss die Augen und lauschte dem Ding, das sich in seinem Kopf eingenistet hatte. Das gierig an seinem Gehirn fraß. Seinen Verstand verschlang. Es wurde mit jedem Tag größer. Hungriger. Er würde die letzten Kapitel noch aufschreiben. Bis nichts mehr von ihm übrig war.

Sein Tod würde Fragen aufwerfen. Spekulationen hervorrufen. Der Bertl hatte aber vorsorglich testamentarisch eine Autopsie untersagt. Wenn sie wissen wollten, was mit ihm geschehen war, müssten sie schon sein neues Buch lesen. Der Bertl wäre dann schon längst nicht mehr da. Tot. Aber trotzdem zufrieden.

NACHWORT

*„Die Welt trägt viel Ungemach. Krankheiten bedrohen unser Leben, Gewalt und Kriege toben auf allen Kontinenten, Wetter und Klima meinen es oft nicht gut mit uns, Pessimisten glauben, die Geburt der letzten Generation sei bereits vonstatten gegangen. Trotzdem schreiben Autor*innen und lesen Interessierte. Sind wir voller Trotz?*
Nein! Es ist immer ein Trotzdem, das Neues entstehen lässt."

Barbara Steiner

Vor acht Jahren wurde von einigen Enthusiasten in einem wenig bekannten, manchmal recht engen Tal im westlichsten Winkel Kärntens die Idee für ein Literaturfestival geboren. „Geh bitte, wozu denn das?" war noch eine der netteren Reaktionen. Die Gruppe tat es trotzdem. Und mit dem Zauber des Neuen wächst das Festival, adaptiert sich jedes Jahr an den Zeitgeist und begeistert so mit fesselnden Kurzgeschichten einen ständig zunehmenden Freundeskreis.
Und das ist diesem Freundeskreis aus Mitgliedern des Organisationskomitees und der Jurys, den Kreativen und den Unterstützenden zu verdanken – hier sind ihre Namen: Bürgermeister Erwin Angerer & seine Mitarbeiter*innen in Mühldorf • Renate Bär • Felicia Besse-Van Kerkoerle • Bläserensemble der TK Obervellach • Bläsergruppe der TK Mörtschach • Buchgalerie Wechselseitig, Salzburg • Buchhandlung Heyn, Klagenfurt • Buchhandlung Nest, Spittal • Christina Brandner • Wolfgang Breitkopf • Elisabeth Brunner-Wappis • Katrin Ebner & ihre Familie • Bürgermeister Peter Ebner & seine Mitarbeiter*innen in Stall • Pulcheria Eder • Anna Egger vom Zlöppnighof • Yannin Espinoza Zwischenberger • Alexander Fankhauser (MS Winklern) • Melitta Fitzer • Sabine Glantschnig • Martin

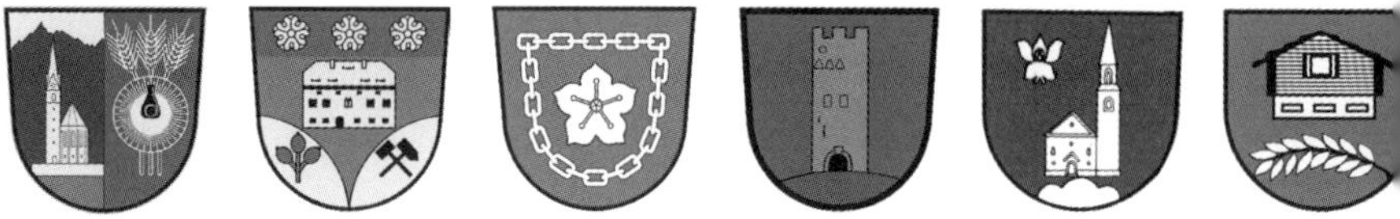

Heiligenblut Großkirchheim Mörtschach Winklern Rangersdorf Stall

Gorgasser (MS Möllbrücke) • Nadja Göritzer • Heike Graf • Margit Granegger • Melitta Granig • Ilse Granitzer • Maria Granögger • Großglockner Hochalpenstraßen AG. • Andrea Gruber • Barbara Gugl • Colin Hadler • Bernhard Hirschberg • Franziska & Theresa Holzmann • Helmut Michael Kemmer • Bürgermeister Josef Kerschbaumer & seine Mitarbeiter*innen in Rangersdorf • Bürgermeister Arnold Klammer & seine Mitarbeiter*innen in Obervellach • Andreas Kleinfercher • Daniela Kofler • Barbara Kramser • Kurt Kumnig • Bürgermeister Martin Lackner & seine Mitarbeiter*innen in Heiligenblut • Sandra Lang (MS Obervellach) • Rosa Maria Lanzinger • Barbara Messner-Schmutzer • Sigrid Mößlacher • Paula Müllmann & Eva Oberrainer von Hohe Tauern – die Nationalpark-Region in Kärnten Tourismus GmbH. • Bürgermeister Günther Novak & seine Mitarbeiter*innen in Mallnitz • Gabi Pacher • Anton Patschg • Bürgermeister Gerald Preimel & seine Mitarbeiter*innen in Lurnfeld • Familie Raunegger vulgo Unterhofer • Bildhauer Gottfried Recnik • Sängerrunde Heiligenblut • Verena Schall • Ursula Schmölzer • Heidi Schober • Bürgermeister Kurt Schober & seine Mitarbeiter*innen in Flattach • Schulgemeindeverband Spittal / Drau • Bürgermeister Stefan Schupfer & seine Mitarbeiter*innen in Reißeck • Ali Seger • Sabine Seidler & die Mitglieder von ProMölltal • Michael Siebler • Angelika Staats • Staller Quartett • Steinbockcafé Heiligenblut • Barbara Steiner • Hannes Suntinger • Bürgermeister Peter Suntinger & seine Mitarbeiter*innen in Großkirchheim • Gustav & Heidi Tengg • Bürgermeister Johann Thaler & seine Mitarbeiter*innen in Winklern • Hans-Jörg Unterkofler • Bürgermeister Richard Unterreiner & seine Mitarbeiter*innen in Mörtschach • Team des Anton Pustet Verlags • Karin Vier-

Flattach Mallnitz Obervellach Reißeck Mühldorf Lurnfeld

bauch • Marcel Wernisch • Wolfgang Winkler • Sigrid Wolfinger • Annemarie Zorec • Thomas Zraunig • Alexander Zwischenberger

Ohne die wertschätzende Unterstützung der Kulturabteilung des Landes Kärnten, des Bundesministeriums für Kunst, Kultur, öffentlichen Dienst und Sport, des LEADER-Programms, des Nationalpark Hohe Tauern in Kärnten, der Raiffeisenbank Großglockner-Weissensee und vieler Unternehmen, vor allem Kelag, Libro und Hasslacher Norica Timber, würde das Festival sein Programm nicht erfüllen können. (Spenden immer willkommen!)

Ein spezieller Dank gilt auch unserer Fachjury: Franzobel, Agnes Altziebler, Birgit Böllinger, Alfred Koch und Luisa Thies, die die Geschichte für den Literaturpreis des Landes Kärnten für Kurzgeschichten ausgewählt haben. Danke an unsere Festival-Designerin Gabriele Pichler für das effektvolle „Trotzdem". Danke auch an den Anton Pustet Verlag und alle seine Mitarbeiter*innen, vor allem an den Initiator unserer Zusammenarbeit, Gerald Klonner, an Michaela Schachner, Lektorin Martina Schneider und an Grafikerin Nadine Kaschnig-Löbel. Und danke an all die Autor*innen für ihre Werke, die uns ihre und unsere Welt näherbringen. Wie Barbara Steiner schreibt: *„Egal ob dennoch, obwohl oder trotzdem, besonders und vor allem weil wir träumen, wünschen und hoffen, beschreiben wir Leid und Liebe, Sorge und Sehnsucht, Wut und Witz, Hass und Humor, Klage und Klugheit, Trauer und Trost – eben die Welt."*

Auf Wiedersehen im Mölltal!
Das Organisationskomitee
www.moelltaler-geschichten-festival.at

AUTORINNEN UND AUTOREN

Tanja Beetz **KÖNIGSLOGE** [Seite 22]
Nach ihrem Studium der Germanistik an der Ludwig-Maximilians-Universität arbeitete die Münchnerin zunächst als Redakteurin für eine Kulturzeitschrift und danach in der Lokalredaktion Ebersberg des Münchner Merkurs. Jetzt ist sie in der Redaktion der Münchner Wochenanzeiger tätig. Ihre Texte machen Eindruck: „Kaminzauber" kam an die 2. Stelle beim „Fünf-Sätze-Weihnachtsgeschichten"-Wettbewerb (Schreibzeug-Podcast), „Zimtzauber" belegte den 5. Platz des Putlitzer Literaturpreises 2022.

Marc Bensch **KORFU VERLASSEN UND STERBEN** [Seite 100]
Der Schriftsteller aus Stuttgart schreibt Romane und Erzählungen – früher bevorzugt in der Fremde, in Palermo oder Lissabon, mittlerweile überwiegend am heimischen Schreibtisch mit Blick ins Grüne. Seine erste Veröffentlichung, die Erzählung „Klaus und das Meer", erschien im Herbst 2012 in der Anthologie „Der Lärm verstummt, bis Stille in dir ist". Das Buch ist vergriffen, nicht aber die nächsten Werke, darunter u.a. die Anthologien „Wortreich" (2020, 2019), „Der Seitensprung" (2021) und der Roman „Die unverhoffte Genesung der Schildkröte" (2019). www.buchbensch.de

Maike Braun **EIN SOMMERHIMMELBLAUER MERCEDES** [Seite 156]
Studien der Naturwissenschaften in Deutschland, den USA und Großbritannien führten sie zur Hirnforschung, danach in die internationale Unternehmensberatung. Ihr Wissen über geistige Möglichkeiten/Unmöglichkeiten fließt nun in ihre Arbeit als Beraterin, Mediatorin und Autorin in Hamburg ein. Neben Kurzgeschichten schrieb sie den Kriminalroman „Die Blunk Konstante" (2013), den historischen Thriller „Die Leiden des Henri Debras" (2017), „In 80 Jahren eine neue Welt, Zukunftsbericht einer klimafreundlichen Beispielfamilie" (2020) und den Klimakrimi „Portugiesische Abrechnung" (2023). mbautorin.de

Urban Comploj **AUS DEM SCHATTEN** [Seite 95]
Der Tiroler ist in Inzing aufgewachsen und lebt nun in Leipzig. Dort hat er am Deutschen Literaturinstitut der Universität Leipzig studiert. Er konzentriert sich auf Prosatexte, die er bereits erfolgreich in Anthologien und Zeitschriften veröffentlicht hat. Nach einer längeren Schreibpause meldete er sich beim heurigen Mölltaler Geschichten Festival wieder schriftstellerisch zurück.

Maschata Diop **VATER** [Seite 134]

Autorin, Fotografin, Reisende … Nach Studien an der Universität Wien war die gelernte Buchhändlerin lange Zeit als Journalistin im Aktuellen Dienst und im Feuilleton tätig und schrieb während ihrer ausgedehnten Studienreisen in viele Länder der Welt auch immer wieder Kurzgeschichten. Jetzt lebt und arbeitet die Wienerin im Senegal. Im story.one-Sammelband „Mensch, was DU alles kannst" der „MEGA Bildungsstiftung" veröffentlichte sie die Kurzgeschichte „Von einer, die auszog, das Lernen zu wagen". Ihre Fotos sieht man auf unsplash.com unter E.Diop.

Matthias Eberharter **DIE PUPPE** [Seite 150]

Matthias Eberharter wurde in Graz geboren und studiert Komposition und Musiktheorie an der Universität für Musik und darstellende Kunst Wien. Er verdient sein Geld als Komponist und Pianist, ist aber in seiner Freizeit auch an der Schriftstellerei und dem Filmemachen interessiert. Mit seinem ersten Text gewann er 2022 den Bundesjungendredewettbewerb in der Kategorie Sprachrohr und schreibt seitdem vor allem Kurzgeschichten und abstrakte Textformen.

Anselm Eder **TROTZ …** [Seite 89]

Ein Kind der Nachkriegszeit, teils in Wien, teils in Oberösterreich aufgewachsen, bis er sich für Wien entschied, um sein Studium, danach sein gesamtes Arbeitsleben unterrichtend und forschend als Medizinsoziologe an der Universität Wien zu verbringen – wenn er sich nicht mit anderem beschäftigte. Seitdem tut er nur noch, was er mag – auch Geschichten schreiben. Er fühlt sich dem Thema „Trotz" trotzdem oder gerade deswegen irgendwie verbunden.

Ulrike Eggert **RAIDER** [Seite 129]

Geboren ist sie im Land zwischen den Meeren, dann ausgewandert in den Süden Deutschlands, zwischendrin hat sie fast alle Kontinente bereist. Jetzt lebt sie mit ihrer Familie in Heidelberg. Ihre berufliche Biographie ist von einigen Brüchen und „trotzdems" geprägt: Von einer Personalberatung über das Verlagswesen und Integrationskurse bis hin zur Lehrtätigkeit an einem baden-württembergischen Gymnasium. Dann kam noch das Schreiben dazu.

Reinhard Gnettner

DIE KURZGESCHICHTE, DIE NIEMAND HÖREN WILL [Seite 173]

Die Jurys des Festivals lieben seine Texte: Drei seiner Kurzgeschichten wurden für Band 1 (2017), Band 2 (2018) und Band 6 (2022) des Mölltaler Geschichten Festivals ausgewählt. Ursprünglich aus Bremen und als Musiker ausgebildet, verschlug es ihn Anfang der 1980er-Jahre nach Wien. Hier mutierte er beruflich und privat zum Österreicher. Er war Mitbesitzer einer der zehn größten Werbeagenturen des Landes und gewann als Texter nationale und internationale Auszeichnungen. 2021 veröffentlichte er sein erstes Buch, den Literaturkrimi „Nur der Tod ist unsterblich".

www.reinhardgnettner.com

Ana Grilc **DIE MÄNNER DES DORFES Z.** [Seite 82]

Die Kärntner Slowenin Ana Grilc, die 2020 den Klagenfurter Newcomer-Preis gewann, studiert gerade in Wien Kunst und Kommunikative Praxis sowie Psychologie und Philosophie. Sie leitet als Mitglied des feministischen Regiekollektivs „Feminem MaxiPad" zwei Figurentheatergruppen und schreibt für die Wochenzeitung Novice. 2022 nahm sie nicht nur mit der Kurzgeschichte „Mokoš" am Mölltaler Geschichten Festival teil, sie veröffentlichte auch ihr erstes Buch „Wurzelreißer:innen".

Koroška Slovenka Ana Grilc je 2020 prijela literarno nagrado za novince_ke mesta Celovec. Študira na univerzi za umetnost Angewandte ter na dunajski univerzi. Kot ena polovica feministične režijske ekipe Feminem MaxiPad je vodja dveh lutkovnih skupin. Grilc je novinarka pri tedniku Novice. 2022 se je s kratko zgodbo Mokoš udeležila festivalu zgodb Mölltala ter izdala njeno prvo knjigo Wurzelreißer:innen.

Brigitte Gruber **DIE KÄSESUPPE** [Seite 64]

Die gebürtige Heidelbergerin entdeckte schon in Kindertagen die Liebe zum Buch, die ihr neue Welten öffnete. Nach dem Abitur führten ihre Wege in eine Werbeagentur, einen Verlag, eine Kunstgalerie und schließlich in eine Praxis für Ergotherapie. Inspiriert durch Begegnungen mit außergewöhnlichen Menschen und Schicksalen entstehen Kurzgeschichten, die in mehreren Anthologien veröffentlicht wurden. Ihre Leidenschaften gelten der Literatur, der Malerei und der Natur.

Markus Grundtner **EIN WENIG SCHILDKRÖTENLITERATUR** [Seite 10]

Der gebürtige Wiener suchte schon zu Studienzeiten einen Ausgleich zwischen der Theater-, Film- und Medienwissenschaft und den Rechtswissenschaften. Als Jurist an der Wiener Staatsoper bleibt er beiden Richtungen treu und veröffentlicht Kurzprosa in Literaturzeitschriften, Anthologien und im Hörfunk. 2022 erschien sein Debütroman „Die Dringlichkeit der Dinge", der in diesem Jahr auch auf die Longlist des Österreichischen Buchpreises kam. Das Mölltaler Geschichten Festival veröffentlichte seine Kurzgeschichten in „Begegnungen" (2019), „Achterbahn" (2021) und „Sieben" (2023). www.markus-grundtner.at

Anita Hetzenauer **DIE VIERTE SUPPE** [Seite 144]

Tagsüber arbeitet die Tirolerin als Lehrerin an einer Mittelschule und kümmert sich um ihre beiden kleinen Kinder. Des Nachts schreibt sie meist Kurzgeschichten, die dann in Zeitschriften und Anthologien erscheinen. 2019 gewann sie den ersten Servus Krimiwettbewerb („Mörderische Alpen", 2019). 2022 erhielt ihrer Geschichte „Das Zwetschkenknödelessen" den Publikumspreis beim Mölltaler Geschichten Festival, nachzulesen im Band „Sieben". Derzeit arbeitet sie an ihrem ersten Roman.

Millay Hyatt
DAS MÄDCHEN MIT HAAREN AUF DEN BRÜSTEN [Seite 117]

Die US-Amerikanerin aus Dallas, Texas, die in Deutschland aufwuchs, studierte Politikwissenschaften in Ohio und Philosophie in Paris und Los Angeles. Jetzt lebt sie als freie Autorin und Übersetzerin in Berlin. In ihren Büchern, Essays und Erzählungen beschäftigt sie sich mit wilden Tieren und anderen Körpern, unter anderem ihrem eigenen. Aktuell schreibt sie ein Buch über Nachtzüge und spielt in einem Theaterstück von Lola Arias, „Mother Tongue", am Gorki Theater in Berlin. www.millayhyatt.com

Julia Alina Kessel **DIE SCHWERE DES HIMMELS** [Seite 123]

In München geboren, wuchs die Autorin in Schleswig-Holstein und Nürnberg auf. Sie studierte Theater- und Filmwissenschaft, Deutsche Literatur sowie Philosophie in Berlin. Jetzt lebt sie in Köln und arbeitet als Drehbuchautorin. Ihre Essays und Kurzgeschichten veröffentlicht sie in Anthologien und Literaturzeitschriften. Ihre Erzählung „Auf Gegenseitigkeit" ist im 7. Band des Mölltaler Geschichten Festivals, „Sieben", nachzulesen.

Romana Klär **JOHANNA** [Seite 39]

Die gebürtige Oberösterreicherin ist Trainerin für Erwachsenenbildung. Nach ihrem Studium in Salzburg war sie etliche Jahre im NGO-Bereich tätig sowie als Außenpolitik-Redakteurin bei einer Tageszeitung. Dabei führten sie Recherchereisen in den Kaukasus, nach China, Afrika und Lateinamerika. Heute begleitet sie Menschen u.a. als Journal Writing Coach bei deren biografischen Schreib-Reisen. Romana Klär lebt mit ihrer Familie in Wien. Zurzeit ist eine Kurzgeschichtensammlung in Arbeit.

www.r-klaer.at und www.lebenszeiten.at

Helena Köster **VON LÖWEN, HUNDEN UND CREOLEN** [Seite 77]

In Freiburg im Breisgau geboren, studierte die Autorin erst Szenische Künste in Hildesheim, dann Medieninformatik in Köln. Ihre Gedichte, Erzählungen und Artikel wurden in unterschiedlichen Online- und Printmedien publiziert. 2017 gründete sie „.divers" – ein Online-Magazin für Jugendliche und junge Erwachsene. Neben der Literatur gehört ihre Liebe auch den bildenden Künsten: Ihre Werke waren bereits bei zwei Vernissagen in Köln zu sehen. diversmagazin.de

Karin Leroch **DAS REH** [Seite 69]

In Mödling in Niederösterreich aufgewachsen, lebt und arbeitet die Autorin, die drei Jahre lang Übersetzen für Englisch und Italienisch studiert hat, nun in Wien, wo sie den Lehrgang des Berufsverbandes Österreichischer SchreibpädagogInnen (BÖS) besuchte. Seit 2010 widmet sie sich dem eigenen Schreiben: Nach Veröffentlichungen von Kurzgeschichten, oft SciFi, in diversen Anthologien und in den Zeitschriften „Etcetera" und „DUM", folgte 2016 der Kurzroman „Die Saat". Ihre Kurzgeschichte „Letzte Fahrt" erschien in „Achterbahn" (2021). Beim Mölltaler Geschichten Festival 2022 gewann sie mit „Die Adoption" den 3. Preis der Fachjury.
www.galeriestudio38.at/Karin.Leroch

Fanie Oakley **REGEL NR. 1** [Seite 27]

Sie würde gern als Kunstschützin im Wilden Westen leben, als Abenteurerin auf hoher See, als Schafhirtin auf einer irischen Farm oder zumindest zusammen mit einer schwarzen Katze und einem großen Hund in einem VW-Bus durch die Welt fahren. Im echten Leben heißt sie anders, hat das, was man einen „anständigen Beruf" nennt und lebt in einer deutschen Großstadt. Sie freut sich an den kleinen und großen Absurditäten des Alltags und hat Tausende Ideen und Geschichten im Kopf, die sich dort im Regelfall häuslich einrichten und es nur ganz selten auf Papier schaffen.

Edith Anna Polkehn **DAS PRALINENGEHEIMNIS** [Seite 17]

Die Österreicherin, jetzt in Bayern wohnhaft, liebt es, fremde Welten zu erschaffen und darin gern auch als Verbrecherin zu „leben", denn ihr besonderes Interesse gilt Krimis – sie ist auch Mitglied im Verein der „Mörderischen Schwestern e.V." Viele Kurzgeschichten und ein Roman haben das Licht der Welt erblickt, zahlreiche harren noch der Veröffentlichung, andere sind bereits in vierzehn Anthologien und sechs Wettbewerbspreisen aufgefallen. Mit ihren Geschichten „Die Katze" (2020) und dem Mini-Krimi „Fritz muss weg!" (2021) ist sie auch in den Anthologien des Mölltaler Geschichten Festivals vertreten. www.edithpolkehn.de

Christina Repolust
DAS LEBEN UND SEINE UNERWARTETEN FOLGEN [Seite 169]
Wie viele zog es die Osttirolerin von Lienz weg zum Studium, um nicht zurückzukehren – nun lebt sie in Salzburg. Als Journalistin und Bibliothekarin fand sie lange Zeit ihre berufliche Erfüllung. Nun Literaturkritikerin, Leiterin von Schreibwerkstätten für Erwachsene und Jugendliche sowie Ausbildnerin für Bibliothekarinnen (und einige wenige Bibliothekare) liebt sie es, Deutsch zu unterrichten, die Scheuen und die Sturen zu beobachten und sich auszudenken, was sich jemand über die Grammatik und sein Leben denken könnte. www.sprachbilder.at

Franz-Xaver Rohracher **BABY-SHOPPING** [Seite 164]
Der Tiroler absolvierte in Innsbruck ein Lehramtsstudium und unterrichtete in der Folge Physik, Mathematik und Deutsch an Wiener Gymnasien. Neben seiner Arbeit in einem Schulbuchverlag widmet er sich außerdem der Schriftstellerei. Einige seiner Texte wurden in diversen Literaturmagazinen und Anthologien veröffentlicht, so sein Text „Schwindel" in der Anthologie „Schräg" (2021). Zurzeit arbeitet er an seinem ersten Roman mit dem Arbeitstitel „Automorph".
https://www.instagram.com/fxrohracher

Paul Jona Schäfer **ZU TIEF** [Seite 104]
Geboren in Wiesbaden, studierte der Autor zuerst Germanistik und Politikwissenschaften in Mainz und wechselte dann zur Hochschule Rhein-Main in das Fach Bio- und Umwelttechnik. Trotz der beruflichen Umorientierung ist das Schreiben für ihn noch immer ein täglicher Begleiter, meist jedoch hinter verschlossenen Türen und nur für seine eigenen Augen. Nur manchmal traut er sich aus dem schwachen Licht seiner Schreibtischlampe heraus – diesmal wagte er sich mit der vorliegenden Kurzgeschichte an die Öffentlichkeit.

Helmut Michael Schmid **PIZZERIA PARADISO** [Seite 33]
Der Münchner arbeitet als Sprecher für Hörbücher und als Autor für Audiodeskription u.a. für den BR und Arte. Zahlreiche Preise begleiten sein literarisches Schaffen, meist satirisch, oft mysteriös, darunter der zweifache Sieg beim Kurzgeschichtenwettbewerb „zeilen.lauf" (2017, 2018), der Sieg beim Wettbewerb „Satire" (Radio FM Bonn, 2018), der

„Haidhauser Werkstattpreis" des Münchner Literaturbüros (2019) und die Aufnahme in die Short List des Bad Godesberger Literaturpreises (2019). Dazu gesellt sich noch der 1. Preis im Wettbewerb des Literaturlabors Zürich (2020). www.textland.de

Gabriel Schütz **STROMAUFWÄRTS** [Seite 188]

In Baden bei Wien geboren und beruflich im Finanzbereich eines Technologieunternehmens tätig, hat der Autor bereits zahlreiche Veröffentlichungen in Literaturzeitschriften (DUM, etcetera, Bierglaslyrik) und Anthologien zu Buche stehen. Einige seiner Texte fanden bei Wettbewerben großen Anklang: So erhielt er den Jurypreis beim Wiener Werkstattpreis (2021). Er präsentiert seine Werke gern im Rahmen von Lesungen und Kulturinitiativen.

Dennis Staats **BERTLS LETZTES BUCH** [Seite 199]

Der Mölltaler aus Rangersdorf zog zum Studium der Vergleichenden Literaturwissenschaft und Englisch nach Wien. Danach arbeitete er in Wien, Zürich, Amsterdam und Zagreb. Er war Mitherausgeber des Londoner Literaturmagazins „The Transnational", dessen Schwerpunkt englisch-deutsche Literaturübersetzungen sind. Seine eigene literarische Tätigkeit konzentriert sich auf Gedichte, Kurzgeschichten und Novellen. Einige wurden beim „zeilen.lauf Wettbewerb" und beim Kärntner Lyrikpreis ausgezeichnet. Heute lebt der Autor in Villach.

www.doomsday-books.com/about.html

Kathrin Thenhausen **BLAU WIE ENZIAN** [Seite 46]

Am Bodensee aufgewachsen, studiert sie Informatik in Potsdam. Ihre Liebe aber gehört dem Schreiben. Die Inspirationen dazu holt sie sich in der Natur, in der Beobachtung von Menschen einschließlich ihrer selbst, meist mit einem guten Buch als Begleiter. Mit ihren Arbeiten reüssierte sie bei diversen Wettbewerben wie dem Literaturwettbewerb zeilen.lauf (2022), dem Signatur-Förderpreis (2022) und dem 5. Vechtaer Jugendliteraturpreis (2022). Weitere Veröffentlichungen ihrer Texte in „Fernwärme" (2021) und „Aus gegebenem Anlass: Auf der Flucht" (2023).

Karl Tschurtschenthaler **VERGRIFFEN** [Seite 138]

Nach der Matura in Brixen hat der Südtiroler aus Toblach im Pustertal eine Ausbildung zum Pastoralassistenten und Religionslehrer in Wien gemacht. Seit seiner Rückkehr nach Südtirol arbeitet er als Journalist für

Radio und Zeitung. Schon in jungen Jahren machte er erste literarische Schreibversuche. Später folgten Lesungen bei Literaturfestivals und Veröffentlichungen in der Südtiroler Literaturzeitschrift „Uhura". 2020 erschien sein Lyrikband „Der Dämmrung ins Maul".

Thomas Josef Wehlim **SCOUT** [Seite 58]
Geboren wurde der Autor in Witten an der Ruhr, aufgewachsen ist er im Raum Mainz, wo er auch sein Studium an der Universität abschloss. Als wissenschaftlicher Mitarbeiter an den Universitäten Mainz und später Leipzig schreibt er zum Ausgleich Lyrik und Kurzprosa. Er war Preisträger beim Wettbewerb postpoetry.NRW (2021) und erhielt den 2. Preis beim XIII. Literaturwettbewerb Irseer Pegasus (2011). Zuletzt veröffentlichte der Autor die Romane „Sebastian oder die Kunst des Linienziehens" (2023) und „Der längste Weg" (2020). www.die-minderheit-des-ichs.de

Erich Wimmer **SUPER, SAGT SIE** [Seite 191]
Der Linzer widmet sein Leben der Musik und der Literatur. Er absolvierte eine Ausbildung am Linzer Konservatorium sowie das Studium der Kunstwissenschaft und Philosophie und unterrichtet Geige an den oberösterreichischen Landesmusikschulen. In der Literatur heimste er mit seinen Texten zahlreiche Preise und Stipendien ein. Unter seinen Veröffentlichungen sind: „Die Eimannfrau" (2020), die Krimis „Original Linzer Tortur" (2017) und „Saugust" (2014), der Kuh-Krimi „Buddhakäse" (2014), die Romane „Kuttenlos – Erfahrungen aus der Linzer Domeremitage" (2012) und „Fiel Sonne" (2014) sowie in Neuauflage die Erzählung „Der Hauptzeitsee" (2014). www.erichwimmer.at

Gudrun Zechner **EINE KARTE FÜR LILLY** [Seite 53]
Geboren und aufgewachsen ist die Autorin in Flattach im Mölltal, hat lange in Obervellach gelebt, ist dann weggezogen, nicht sehr weit weg, und hat ihre Wurzeln in der Heimat behalten. Wann immer es möglich ist, kommt sie zurück ins Mölltal und bringt sich als Mitglied im Verein KunstRAUM in Obervellach ein, oder verbringt Zeit in ihrem eigenen Atelier. In ihren Texten und Werken will sie ihre Kreativität, die Vielfalt der Welt und die Buntheit des Herzens reflektieren.

Petra Zeil **SORCHA UND DER BLAUE KATER** [Seite 112]
Ihr Zuhause ist ein Dorf zwischen Straßburg und Freiburg, wo sie in einer großen Familie und mit vielen Büchern aufgewachsen ist. Sie liebt Sprache(n) und malt gern. Nach dem Studium der Anglistik, Romanistik und Theologie lebte sie für einige Zeit in Irland, Südfrankreich und Peru.

Danach unterrichtete sie Fremdsprachen und Deutsch und promovierte in Theologie. Heute lebt sie mit ihrer Tochter am Oberrhein. Zu ihren Publikationen gehören u.a. „Können Esel reimen: Sterne, Peru und zurück" (2016), „Die Schlüssel von Taruma" (2020) und „Ich lache leis, dann schlaf ich ein: Gute-Nacht-Gebete für Kinder" (2022).

Tamia Zwischenberger **E-MAILS AN CLAUDIA** [Seite 181]
Sie wurde in Quito, Ecuador, geboren, und ist in Winklern im Mölltal aufgewachsen. Derzeit studiert sie Biologie und Spanisch für das Lehramt sowie Anthropologie in Wien. Sie kommt jedoch immer wieder ins Mölltal nach Hause. Angeregt zur Teilnahme wurde sie durch das familiäre Umfeld – ihre Mutter, selbst Autorin, ist eine der Gründerinnen des Mölltaler Geschichten Festivals. Diese Kurzgeschichte ist ihre erste Publikation.

FOTOGRAFINNEN UND FOTOGRAFEN